VIDAS

EL PRECIO DE LA LIBERTAD

La vida de
William Bradford

VIDAS CON LEGADO

EL PRECIO DE LA LIBERTAD

La vida de
William Bradford

EDITORIAL JUCUM

P.O. BOX 1138 TYLER, TX 75710-1138

Editorial JUCUM forma parte de Juventud con una Misión, una organización de carácter internacional.

Si desea un catálogo gratuito de nuestros libros y otros productos, solicítelos por escrito o por teléfono a:

Editorial JUCUM
P.O. Box 1138, Tyler, TX 75710-1138 U.S.A.
Correo electrónico: info@editorialjucum.com
Teléfono: (903) 882-4725
www.editorialjucum.com

ISBN 978-1-57658-868-0

Primera edición 2019

Impreso en los Estados Unidos

VIDAS CON LEGADO
Biografías

Huida hacia la libertad
La vida de Harriet Tubman

De esclavo a científico
La vida de George Washington
Carver

Libertad y justicia para todos
La vida de William Penn

Imbatible
La vida de Louis Zamperini

El empresario de los pobres
La vida de David Busseau

Triunfo de la justicia
La vida de William Wilberforce

Ben Carson
Vencer lo imposible

Laura Ingalls Wilder
Travesías de los Ingalls

Milton Hershey
Más que chocolate

William Bradford
El precio de la libertad

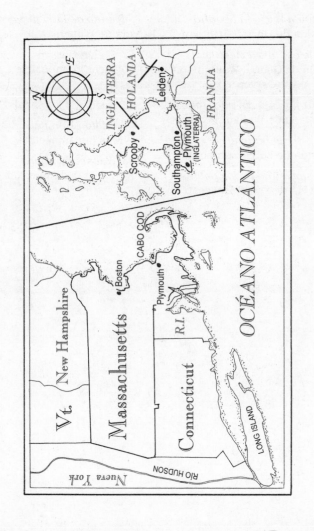

Índice

1. Más allá de su imaginación 9
2. «Salgan de entre ellos» 13
3. Escape 25
4. Decisiones 37
5. Travesía 47
6. Huellas en el Nuevo Mundo 61
7. Al otro lado de la bahía 75
8. Ciudad de Plymouth 87
9. Coexistencia 101
10. Celebración 113
11. El reto 123
12. El hambre era un compañero íntimo 135
13. «Nunca olvidaré esta bondad» 149
14. Conspiración 161
15. Emprendedores 173
16. Ruptura 185
    Bibliografía 195
    Acerca de los autores 197

Capítulo 1

Más allá de su imaginación

¡Indígenas! ¡Indígenas! Gritó el centinela saltando la barricada y poniéndose a cubierto de la lluvia de flechas que se cernía sobre él. William Bradford agarró su mosquete y entró en acción. Vio a Myles Standish agachado en la barricada, cargando su fusil. Varios hombres abrieron fuego mientras William se llevaba su mosquete[1] al hombro y apuntaba. «Necesitamos empuñar los mosquetes», oyó gritar a alguien. «Algunos los hemos guardado en la chalupa» William vio correr a cinco hombres hacia el bote, intentando evitar la embestida de flechas. Los indígenas intentaron aislarlos, pero Myles se apresuró blandiendo su alfanje y los rechazó.

---

1 Mosquete: Arma de fuego antiguo, mucho más largo y de mayor calibre que el fusil, que se disparaba apoyándola sobre una horquilla.

Una vez que llegaron a la chalupa[2], los hombres echaron mano a sus mosquetes, buscaron protección detrás del bote y en seguida abrieron fuego. Las flechas siguieron cayendo y los indígenas avanzaron desde los árboles. En ese instante, William había cargado su arma y vuelto a disparar. A medida que más mosquetes abrían fuego, los indígenas empezaron a retroceder. Un indígena se resguardó detrás de un pino y siguió disparando flechas contra ellos. Los disparos que se precipitaban sobre él no le disuadieron. William vio como Myles le apuntaba y le disparaba. Un tiro dio contra la corteza del árbol, junto a la cabeza del indígena, espolvoreando sobre él corteza triturada. De repente, él se dio media vuelta y salió corriendo hacia los árboles. Los otros indígenas le siguieron. El ataque había cesado.

William temblaba cuando los hombres recogieron rápidamente sus cosas y corrieron hacia el bote. Los hombres empujaron la chalupa al mar y saltaron a bordo. En seguida izaron la vela y el bote dejó atrás la playa.

El temblor de William se convirtió en escalofríos y castañeo de dientes. Ya no sentía los dedos de los pies, el agua estaba congelada y las salpicaduras que saltaban por el costado de la chalupa dejaban un esmalte de hielo sobre su chaqueta. Él temía que si el frío seguía acometiendo mucho más, podría conseguir lo que los indígenas habían intentado: matarles a todos.

Antes de zarpar para el Nuevo Mundo, William sabía que tendrían que afrontar desafíos, pero lo ya soportado sobrepasaba su imaginación. Había

---

2   Chalupa: Embarcación pequeña, que suele tener cubierta y dos palos para velas (embarcación que llevan a bordo los grandes buques).

transcurrido un mes desde que echaran anclas en el cabo Cod, y no conseguían encontrar lugar adecuado para establecer su colonia. Se suponía que esto no ocurriría. De hecho, ni siquiera debían estar en el cabo Cod, sino más al sur, cerca de la desembocadura del río Hudson. Vientos y corrientes contrarios les habían arrastrado a este lugar. Ante la llegada del invierno, necesitaban encontrar un lugar, un hogar donde establecer la comunidad que William y muchos otros habían soñado y planeado por tanto tiempo. No era la primera vez que viajaba a otro país en busca de libertad religiosa, pero para William, esta, sin duda, fue la más difícil.

Capítulo 2

«Salgan de entre ellos»

William Bradford dejó la pluma y miró a través de la ventana de la granja. Era un hermoso día de verano. Se escuchaba el siseo[1] de las hoces de los segadores segando trigo en un campo cercano. Si las cosas hubieran ido de manera distinta, William habría estado trabajando junto a ellos, pero se le había considerado demasiado débil para participar en los ciclos de arada, siembra y cosecha que se sucedían en los campos adyacentes a su casa de Austerfield, Yorkshire.

Nadie estaba seguro de la causa de los intensos calambres de estómago y dolores de cabeza que él experimentaba. Había oído a sus tíos decir que su estado tenía que ver con las muchas pérdidas que había sufrido en sus doce años de vida. Su padre, cuyo nombre él había heredado, murió cuando

---

1   Siseo: Emitir repetidamente el sonido inarticulado.

William tenía solo un año. Cuando tenía cuatro, su madre se casó con Robert Briggs. William y su hermana mayor, Alice, fueron enviados a vivir con su abuelo, pero éste también falleció, y los dos niños se fueron a vivir con su madre, su padrastro y su pequeño hermanastro, Robert. Pero el pequeño Robert murió poco después de llegar ellos.

Cuando William tenía siete años, su madre dio a luz una niña que llamaron Agnes. Tristemente, la madre de William falleció poco después del nacimiento de Agnes, con lo que dejó tres hijos. Agnes se quedó con su padre. William, de siete años y Alicia, de diez, ahora huérfanos, fueron a vivir a la granja con dos hermanos de su padre, Thomas y Richard Bradford.

En realidad, la granja y varias parcelas de terreno cercanas, realmente pertenecían a William, o le pertenecerían cuando cumpliese los veintiún años. Por ser hijo mayor, el padre de William había heredado la granja y las tierras, que ahora estaban en custodia hasta que William alcanzara la mayoría de edad y asumiera su propiedad. Debido a ello, a sus dos tíos no les resultaba fácil decirle lo que tenía que hacer. Y resultó que, después de llegar a vivir con ellos, William empezó a sufrir terribles dolores de cabeza y calambres en el estómago, y sus tíos no le obligaron a trabajar en la granja, sino que le enviaron a un tutor para que aprovechara el tiempo aprendiendo.

William era un buen estudiante, y pronto aprendió lectura, escritura y aritmética. Sobre todo, disfrutaba de la lectura y, en especial, de un manual que le prestó su tutor, *El libro de los mártires* de Fox. Sentado, mirando por la ventana, William se sintió

confuso. Aunque debía estudiar latín, no podía qui-
tarse de la cabeza *El libro de los mártires*. Este libro,
publicado en 1563, cubría en detalle la muerte de
muchos mártires cristianos a lo largo de la historia
de la iglesia. E incluso hablaba del reinado de Enrique VIII, en cuya vida, una disputa con el papa y la
iglesia romana condujo a la separación de la iglesia
de Inglaterra de la de Roma y al establecimiento de
la iglesia anglicana. El capítulo final del libro trata
del reinado de la reina Mary y la sangrienta lucha
por devolver a Inglaterra al catolicismo. La historia
de la muerte de tantos cristianos devotos durante el
capítulo final del libro inquietó a William.

Por la lectura de *El libro de los mártires* de Fox,
William supo que la iglesia católica, dirigida por el
papa, se preocupaba más de obtener y de mantener
primacía política. Setenta y cinco años antes, cuando el rey Enrique VIII de Inglaterra quiso divorciarse
de su esposa, Catalina de Aragón, para casarse con
su amante, Ana Bolena, el papa rehusó autorizar la
boda. El rey respondió declarando que el papa ya no
tenía autoridad sobre él ni sobre su país, y decretan-
do el establecimiento de una iglesia en la que él, no
el papa, sería el jefe. Al adoptar esta decisión, el rey
Enrique mismo decidiría qué hacer con los diezmos
e impuestos que recogía la iglesia. El rey tomó rápidamente posesión de todas las tierras que pertenecían a la iglesia católica, que equivalían a una cuarta parte de Inglaterra. El rey Enrique VIII despojó
a los obispos católicos de su poder y decapitó a los
que se opusieron a sus medidas. Fue una empresa
sangrienta intentar conseguir que los fieles católicos
de Inglaterra renunciaran a ser leales a su iglesia y
al papa y aceptaran la nueva iglesia de Inglaterra.

Cuando el rey Enrique VIII murió en 1547, su hijo de nueve años, Eduardo VI, ocupó el trono vacante de su padre. Eduardo VI fue educado en la iglesia anglicana e intentaba llevar a cabo nuevas reformas, pero murió antes de cumplir dieciséis años. En su lecho mortuorio, el joven rey Eduardo insistió en que le sucediera en el trono su prima Lady Jane Grey. Nueve días después de ser nombrada nueva monarca de Inglaterra, la hija mayor de Enrique VIII, Mary, presionó al gobierno para ser reconocida como legítima reina de Inglaterra, enviando a la reina Jane a la Torre de Londres, donde fue ejecutada varios meses después por alta traición.

La reina Mary de Inglaterra era católica devota e insistía en que el pueblo inglés se olvidara de la iglesia anglicana y volviera a obedecer al papa y las normas de la iglesia católica. Una vez más Inglaterra quedó sumida en la conmoción religiosa. La reina Mary pronto fue llamada Mary sangrienta, ya que decretó la ejecución de todo aquel que se opusiera a que Inglaterra volviera a ser un país católico. Una de sus víctimas fue Thomas Cranmer, arzobispo anglicano de Canterbury, a quien mandó a quemar en la hoguera. Centenares de martirios tuvieron lugar a comienzos de su reinado de terror.

En 1558, después de cinco años en el trono, murió la reina Mary y ocupó el trono su hermanastra Elizabeth. Como su padre, la reina Elizabeth apoyó decididamente a la iglesia anglicana. Una vez más, el catolicismo quedó proscrito en el país, y la iglesia anglicana, con la reina Elizabeth como líder, fue la iglesia oficial.

No es de extrañar que William llegara a la conclusión de que *El libro de los mártires* de Fox fuera

cruento en gran manera. Cada vez que ocurría un
cambio de monarca, se producían revueltas, decapi-
taciones y quemas en la hoguera por cuestiones de
religión.

A principios de 1602, la reina Elizabeth había
reinado en Inglaterra cuarenta años, y la situación
del país era bastante estable. La reina parecía ser li-
geramente tolerante con un grupo que había surgido
dentro de la iglesia anglicana. Los miembros del grupo se llamaban puritanos porque querían purificar a
la iglesia anglicana de todo vestigio de catolicismo.
Los puritanos creían que muchas costumbres de la
iglesia procedían del papa de Roma, pero no pertenecían a la Biblia. Entre otras, arrodillarse para
tomar la comunión, hacer la señal de la cruz, incli-
narse cuando se pronunciaba el nombre de Jesús,
adornar las iglesias con crucifijos y pinturas de los
santos, observar fiestas en honor de éstos, y oficiar
la misa, por no mencionar la elegante indumentaria
que exhibían los obispos.

Cuanto más leía William sobre las creencias puritanas y estudiaba la Biblia, más se daba cuenta
que ellos podían tener razón. No encontraba ni un
solo pasaje en la Biblia que dijese que la iglesia debía ser controlada por un rey o reina que los cristianos tuvieran que obedecer sin poner en tela de
juicio. William tuvo que admitir que estos eran pen-
samientos estremecedores. Un niño de doce años
debía obedecer a sus mayores y no permitir ideas
desleales a la iglesia de la reina. Con todo, cuanto
más pensaba en ello, más curiosidad sentía acerca
de los puritanos.

Un día, un niño de la aldea confió a William que
él había estado yendo en secreto a Babworth, donde

un ministro puritano, el reverendo Richard Clyfton, era deán[2] de la iglesia *All Saints' Church*. Antes de pararse a pensarlo, William dejó escapar que le gustaría acompañarle en la próxima ocasión. Y así lo acordaron. El domingo siguiente, los dos niños caminaron dieciséis kilómetros hasta Babworth, al sur, pasando por la aldea de Scrooby, ubicada en la carretera Gran Norte que se extendía de Londres a Edimburgo, Escocia.

La iglesia *All Saints' Church* era una estructura de piedra situada en un alto rodeado de tumbas, con árboles por detrás. La iglesia tenía una torre cuadrada con un campanario que alojaba tres campanas por un lado y un ventanal arqueado, con vidrieras, por otro. Ventanales altos y estrechos se extendían al costado de la iglesia. Las campanas de la iglesia repicaban cuando William y su amigo pasaron por el porche y se sentaron en un banco. A William no le decepcionó el servicio religioso. Halló que el estilo del reverendo Clyfton era refrescante. El predicador exhibía una poblada barba blanca y predicaba apasionadamente, citaba la Biblia y hacía oraciones que no formaban parte del Libro de Oración Común oficialmente autorizado por la iglesia anglicana. Después del culto, William conversó con su amigo por el camino de Austerfield sobre la experiencia vivida en la iglesia.

Cuando volvió a la granja, sus tíos le estaban esperando a la puerta.

—¿Dónde has estado? —le preguntó su tío Thomas. William se sonrojó, pero no quiso mentir.

—En una reunión cristiana —respondió.

El tío Thomas soltó un bufido.

_____
2   Deán: Canónigo que preside el cabildo de la catedral.

—¿De los puritanos? ¿Eso es lo que quieres decir? Apártate de ellos, ¿me oyes? Ese grupo extraviado sólo te meterá en problemas.

William guardó silencio mientras sus dos tíos se alternaban para intentar convencerle de que nunca volviera a asistir a otra reunión puritana. Se acordó del versículo bíblico que el reverendo Clyfton había leído en el culto de *All Saint's Church*: «Bienaventurados los que padecen persecución por causa de la justicia, porque de ellos es el reino de los cielos» (Mateo 5:10).

Sin embargo, cada domingo, por la mañana temprano, William y su amigo iniciaban su larga caminata de ida y vuelta a la iglesia. Los tíos de William le miraban y le advertían que no fuera. Pero William se sentía atraído a la iglesia de Babworth. Poco después, su amigo dejó de asistir, pero no William. Caminaba en solitario cuatro kilómetros hasta Scrooby, donde se encontraba con la familia Brewster. William Brewster, su esposa Mary y sus dos hijos, Jonathan, de nueve años, y Patience, de dos, vivían en Scrooby, donde William Brewster era jefe de la oficina de correos. William y los Brewster caminaban el resto del trayecto hasta Babworth.

William Brewster era veinticuatro años mayor que William. Por el camino, le gustaba comentar toda clase de temas, y a William le encantaba escucharle. William Brewster había estudiado en la *Peterhouse* de la Universidad de Cambridge, de donde salió en 1584 a trabajar para Sir William Davison, secretario de la reina Elizabeth. Durante su servicio a Sir William Davison, llevó a cabo misiones diplomáticas en los Países Bajos, donde tuvo oportunidad de conocer de primera mano muchas reformas religiosas que se estaban produciendo en Europa. Dada la experiencia práctica, política y diplomática de William Brewster y su conocimiento de las reformas religiosas, William le escuchaba atentamente y atesoraba los datos y argumentos que aquél exponía.

Aunque prestaba servicio como jefe de la oficina de correos de Scrooby, detrás del escenario, William Brewster era influyente entre los miembros de la iglesia anglicana de la zona. Con los años, la reina Elizabeth había retirado de las iglesias a muchos pastores anglicanos con los que disentía o no le caían bien. William Brewster animaba a dichas congregaciones a buscar pastores sustitutos, hombres piadosos, que por fortuna compartieran la creencia puritana en la reforma de la iglesia anglicana. También instaba a los miembros de la iglesia a asistir regularmente a los cultos y ayudar activamente a los pobres y necesitados de sus comunidades.

Los tíos de William insistieron y trataron de disuadirle para que no asistiera a la iglesia de un pastor puritano. No obstante, cada vez que William estudiaba la Biblia o leía uno de los libros que William Brewster le prestaba, descubría más razones para concordar con lo que el reverendo Clyfton predicaba cada domingo. Aunque la iglesia *St. Helen's Church* no estaba situada lejos de la granja de los Bradford, en Austerfield, William se sentía mejor recibido en la iglesia *All Saints' Church* de Babworth que en la de *St. Helen's*. Se sentía parte de la comunidad, algo que le había faltado desde la muerte de su madre.

El 26 de marzo de 1603, como un año después de empezar a asistir a la iglesia *All Saints' Church*, llegó un mensajero a caballo por la gran carretera del norte, procedente de Londres, con la noticia de que la reina Elizabeth había muerto mientras dormía en su cama dos días antes. El mensajero iba camino a Edimburgo para anunciar al rey James VI de Escocia que ahora también era rey de Inglaterra. Dado que la reina Elizabeth había permanecido soltera a lo largo de su reinado, no dio heredero Tudor al trono de Inglaterra. Y como el rey James estaba emparentado con los Tudor tanto por línea materna como paterna, en ausencia de un heredero directo, fue elegido nuevo rey, con lo que fue rey James I de Inglaterra e Irlanda y rey James VI de Escocia.

Muchos se preguntaban, entre ellos William Bradford, a sus trece años, qué haría el nuevo rey por lo que respecta a la iglesia. ¿Cómo trataría el rey a los puritanos y su vocación de reforma dentro de la iglesia anglicana? William Brewster creía que las relaciones entre la iglesia y el monarca podrían mejorar; que el rey James podía conceder a los cristianos libertad para dar culto a Dios según les dictara su conciencia. Pero no iba a ser así.

Cuando el rey James fijó su residencia en Londres, un grupo de destacados predicadores puritanos redactaron un manifiesto titulado la «Petición Milenaria». Este documento mencionaba los treinta cambios que sus autores puritanos querían instituir en la iglesia anglicana. Eran las mismas reformas básicas que los puritanos habían reclamado por años. Cuando el manifiesto fue presentado al rey, éste convocó una conferencia para debatir los asuntos que suscitaba el documento. La conferencia se celebraría en *Hampton Court Palace*, en enero de 1604.

William Bradford y William Brewster, junto con muchos otros miembros de la iglesia anglicana con voluntad de reforma, aguardaron con impaciencia noticias del resultado de la conferencia. Cuando se produjo, no fue el que ellos habían esperado. El rey James sólo accedió a uno de los treinta puntos expuestos en la petición. El rey aceptó comisionar una nueva traducción de la Biblia al inglés. Se resistió firmemente a los otros puntos presentados y debatidos en la conferencia. Lo que el rey James quería no era una iglesia reformada, sino una iglesia unida bajo su liderazgo. Quería que todos los miembros de la iglesia anglicana escucharan los mismos sermones que se predicaban, rezaran las preces[3] del mismo libro de oraciones y leyeran la misma versión de la Biblia. Quería una iglesia anglicana no fragmentada por grupos inconformistas o pastores que predicaran sus propias ideas y creencias. Para cerciorarse de tener la iglesia que deseaba, el rey James emitió un decreto contra la inconformidad, declarando que todos los pastores anglicanos debían seguir estrictamente el Libro de oración común. Los pastores que rehusaran acatar esta orden serían destituidos de su cargo en la iglesia.

De este modo dio comienzo una restricción sobre los clérigos y las congregaciones inconformistas de Inglaterra. Y Richard Bancroft, nuevo arzobispo de Canterbury, fue el hombre en quien se apoyó el rey James para moldear la iglesia conforme a la entidad que él deseaba. Bancroft ejecutó celosamente el edicto del rey James: que los pastores observaran escrupulosamente le Libro de oración común. Los que no lo hicieran serían rápidamente excluidos

---

3   Preces: Versículos tomados de la Sagrada Escritura y oraciones destinadas por la Iglesia para pedir a Dios socorro en las necesidades públicas o particulares. Ruegos, súplicas. Oraciones dirigidas a Dios, a la Virgen o a los santos. Súplicas o instancias con que se pide y obtiene una bula o despacho de Roma.

de sus iglesias, y muchos fueron encerrados en la
cárcel.

William vio que fue revocada la obra de fortaleci-
miento de la iglesia en su comarca, la cual tanto se
había sacrificado en levantar William Brewster. Los
pastores eran expulsados por causa de sus ideales
reformistas. El reverendo Richard Clyfton dimitió de
su cargo antes de ser expulsado. Pero los miembros
de la congregación tenían que tomar una decisión:
¿Debían permanecer en la iglesia *All Saints' Church*
de Babworth y esperar el nombramiento de un nuevo pastor que repitiera como un papagayo los puntos de vista del rey, o transitar por otra senda? Esa
senda surgió pronto atendiendo a las instrucciones
de Pablo en la segunda carta a los Corintios. «Por
lo cual, salid de en medio de ellos, y apartaos, dice
el Señor, y no toquéis lo inmundo; y yo os recibiré»
(6:17). Serían separatistas. A diferencia de los puritanos, que continuaron asistiendo a la iglesia anglicana conforme a la ley, esperando que un día las
reformas que ellos procuraban tuvieran lugar, los
separatistas no tendrían nada que ver con la iglesia anglicana. A los quince años, William Bradford
sabía que esta era una decisión tanto radical como
peligrosa. No obstante, estaba convencido de que
era la única decisión que podían tomar los que sos-
tenían los mismos ideales reformistas que él.

En la granja de los Bradford en Austerfield, William siguió estudiando la Biblia y leyendo los libros
que William Brewster le prestaba. Aunque su familia
y otros en la aldea se mofaran de él por su postura
religiosa extrema, William empezó a asistir a las reuniones separatistas que se celebraban en la caso-
na de Scrooby bajo la dirección de William Brewster

y Richard Clyfton. Por lo general, no se molestó al grupo, pero William sabía que las creencias religiosas que había abrazado le pondrían a él y a otros en conflicto con el hombre más poderoso de Inglaterra —el rey James—. Sabía que el grupo separatista de Scrooby no tendría paz por mucho tiempo.

Capítulo 3

Escape

En el otoño de 1607, William Bradford estaba sentado en una cárcel cercana a Boston, Lincolnshire. Tenía diecisiete años, y todo lo que sus tíos le habían advertido se estaba cumpliendo. De hecho, William no era el único en la cárcel. Le acompañaban como unos cien miembros del grupo separatista de Scrooby, también mujeres y niños. Su crimen: intentar escapar de Inglaterra. El grupo había fletado un barco para trasportarles desde un área remota cercana de Boston a Holanda. Todo fue bien hasta que subieron a bordo del barco. El capitán del barco, un inglés, les traicionó ante las autoridades. Los separatistas fueron arrestados, despojados de sus pertenencias y arrojados en la cárcel. William se preguntaba qué sería de ellos.

Fue un tiempo sombrío para William. Su hermana Alice y su hermanastra Agnes murieron ese mismo año, y William se sentía más cercano a la familia Brewster que a cualquiera de sus parientes consanguíneos. Hacía poco que Mary Brewster había dado a luz a una niña, a quien llamaron Fear (Temor) debido a los tiempos difíciles en que vivían.

Después de un largo e incómodo mes en prisión, la mayor parte de los separatistas salieron de la cárcel y se les ordenó ir a sus casas. Los siete líderes del grupo, entre los que estaban William Brewster y Richard Clyfton, tuvieron que ir a juicio. William Bradford regresó a Austerfield, ignorando lo que le podía deparar el futuro.

El invierno de 1607-8 fue especialmente riguroso. De Londres llegó la noticia de que la superficie del río Támesis se había helado con tal solidez que se había instalado una gran feria sobre hielo. Y en Yorkshire, hubo una capa de nieve de varios pies de grosor durante semanas. Los separatistas, William inclusive, avanzaban penosamente por entre los ventisqueros[1] para reunirse en secreto y se planteaban si sería posible abandonar Inglaterra sin ser capturados.

A principios de la primavera de 1608 se tomó una decisión: los separatistas de Scrooby intentarían volver a escapar. El 10 de mayo, William empacó algo de ropa y artículos personales en una bolsa de cuero, así como algunos libros, de los cuales, el más importante era una copia de la Biblia de Ginebra[2]. Una vez cerrada la bolsa, se la colgó

1   Ventisqueros: Altura de los montes más expuesta a las ventiscas. Sitio, en las alturas de los montes, donde se conserva la nieve y el hielo.
2   Biblia de Ginebra: Biblia de Ginebra es la traducción de la Biblia publicada en Ginebra (el Nuevo Testamento en 1557 y el Antiguo en 1560) por un grupo de eruditos protestantes ingleses en el exilio, que trabajaron bajo la dirección de Miles Covernale y John Knox con la influencia de Juan Calvino.

del hombro y junto con otros tres hombres inició su andadura. Los hombres se dirigieron hacia Grimsby Common, en la ribera sur del río Humber, cerca de su desembocadura en el mar del Norte, sesenta y cinco kilómetros al este. Caminaron en silencio, y a lo largo del recorrido otros separatistas se les fueron añadiendo. Mientras tanto, las mujeres y los niños del grupo, junto con la mayor parte del equipaje, se había cargado en el *Francis*, barcaza normalmente usada para trasportar carbón. El grupo navegaría por el río Trent, hasta el Humber, para reunirse en Grimsby Common. Habían concertado en secreto reunirse en Grimsby Common para subir a bordo de un barco holandés y zarpar hacia Ámsterdam.

Mientras caminaba, William sabía que dejaba atrás todas sus cosas para vivir en un país extranjero. Tendría que aprender una nueva lengua, obedecer nuevas leyes y buscarse un medio de vida. William Brewster le había dicho que los holandeses no tenían rebaños de ovejas ni plantaban los mismos cultivos que los ingleses. Estos eran aspectos desalentadores a tener en cuenta por un huérfano de dieciocho años. Pero sobre todo, William deseaba libertad para practicar su fe sin interferencias del rey ni de nadie. William Brewster le aseguró que las cosas eran muy distintas en Holanda. Eso esperaba William.

Los hombres llegaron a Grimsby Common el martes, 12 de mayo, por la mañana temprano. Hacía frío, soplaba un viento helado del mar del Norte en el estuario[3] del Humber. Los hombres se reunieron

---

3   Estuario: Desembocadura de un río caudaloso en el mar, caracterizada por tener una forma semejante al corte longitudinal de un embudo, cuyos lados van apartándose en el sentido de la corriente, y por la influencia de las mareas en la unión de las aguas fluviales con las marítimas.

en la orilla del río, y entonces fue cuando William y el resto de los hombres detectaron el problema. El *Francis*, con unas noventa mujeres y niños, había llegado la noche anterior. Como la barcaza se balanceaba en las bravas aguas del río Humber, muchas mujeres sintieron náuseas y rogaron al capitán del barco que buscara cobijo en Stallingborough, una cala[4] resguardada y pantanosa del río Humber. Cuando la marea bajó por la noche, la barcaza se atascó en un barrizal. Habría que esperar hasta el mediodía para que la marea hiciera flotar la barcaza. La nave holandesa que el grupo había fletado ya esperaba fondeada en el canal principal del Humber para acoger a los separatistas a bordo y zarpar lo antes posible. Pero como no se podía llegar hasta el *Francis*, los viajeros no podían hacer nada más que esperar a que subiera la marea.

William vio que varios marineros holandeses remaban en un bote desde su barco en el río Humber hasta él y los otros hombres que esperaban en la orilla. Cuando ya estaban cerca, dos marineros saltaron sobre el denso lodo y arrastraron el bote.

—El capitán está preocupado por tener que esperar por las mujeres y los niños —gritó uno de ellos—. Quiere que por lo menos los hombres estén a bordo mientras esperamos. ¡Vamos!

La mitad de los hombres, William entre ellos, vadearon por el lodo y saltaron al bote. Los marineros remaron hasta el barco, al que ascendieron por escalas colgadas a un costado del mismo hasta alcanzar la cubierta. William se asomó justo cuando el capitán gritaba y señalaba hacia Grimsby Common. La sangre de William se congeló cuando vio lo que el

---

4   Cala: Ensenada pequeña.

capitán señalaba. Un grupo de milicianos armados corría hacia el llano donde esperaba la otra mitad de los hombres.

—No voy a esperar aquí a que me arresten —dijo el capitán con voz presa de pánico, y dando bruscas órdenes a su tripulación—. Traigan el bote. Leven anclas y desplieguen las velas. Pongámonos en marcha.

El viento soplaba de popa, por lo que la nave se deslizó en seguida por la desembocadura del río y se adentró en el mar del Norte. William sabía que nunca olvidaría aquel espectáculo. Las lágrimas corrían por las mejillas de los separatistas mientras miraban hacia atrás con espanto, conscientes de que sus esposas e hijos y compañeros separatistas quedaban atrás y eran incapaces de evitarlo. Peor aún, los que quedaron en tierra quedaban a expensas del grupo de milicianos armados. William sintió su angustia.

La pesadilla se acentuó cuando el barco cayó bajo las fauces de una gran tormenta en el mar del Norte. El viento les hizo desviarse de su curso, hasta no lejos de la costa noruega. Enormes olas chocaban contra el pequeño barco, sacudiéndolo violentamente. Cuando una ola empujó el barco hacia un costado y la tripulación empezó a gritar que se estaban hundiendo, los separatistas se pusieron a orar fervientemente. Poco a poco el barco recuperó su posición y los hombres siguieron orando.

Cuando la tormenta empezó a remitir, la nave pudo volver a su curso. Catorce días después de zarpar en la desembocadura del río Humber, el barco atracó en Ámsterdam. Bajo circunstancias normales el viaje habría durado como mucho cuatro días. Cuando desembarcó, William confió en no tener que volver a hacer otra angustiosa travesía marítima como aquélla.

Varios hombres zarparon de inmediato hacia Inglaterra para ver qué suerte habían corrido sus esposas e hijos. Tenían la esperanza de, si todo iba bien, reunir todo el grupo en Ámsterdam con sus familias.

Mientras tanto, en Ámsterdam, William y el resto de los hombres fueron recibidos por una comunidad separatista que había huido antes que ellos de otras partes de Inglaterra. Los retos que tuvo que afrontar William en el nuevo país casi le abrumaron. Él procedía de una aldea de doscientas personas y ahora se encontraba en una ciudad extranjera con una población de un cuarto de millón. Por todas partes veía gente dedicada a toda clase de actividades en las estrechas calles de Ámsterdam y en muchos de sus canales convergentes. Lo primero que necesitaba William para sostenerse era buscar un empleo. La manufacturación textil era una de las industrias principales de Ámsterdam, y William encontró pronto empleo como aprendiz de tejedor de seda. Ganaba poco y era un trabajo tedioso, pero se alegró de conseguirlo.

Poco a poco, los miembros del grupo separatista de Scrooby abandonaron Inglaterra y fueron llegando a Ámsterdam. Al principio, eran arrestados y sus equipajes, confiscados, pero las autoridades inglesas no sabían qué hacer con ellos y les permitieron marcharse. Las autoridades también hicieron la vista gorda cuando las familias separatistas salían de Inglaterra para ir a Holanda. Al cabo de poco, los responsables de los grupos estuvieron seguros en Ámsterdam. Una vez que se instaló la familia

Brewster, William se fue a vivir con ellos. Los otros miembros del grupo también encontraron trabajo en la industria textil y se instalaron en sus casas.

No obstante, como un año después, aparecieron grietas entre los separatistas de Ámsterdam. Uno de sus líderes, John Smyth, empezó a predicar que el bautismo de infantes, como lo celebraban las congregaciones católicas, anglicanas y separatistas, no estaba bien porque no había ni rastro de dicha costumbre en la Biblia. Smyth creía que sólo los adultos que sabían lo que hacían debían ser bautizados. El caos se instaló entre los separatistas, ya que algunos miembros fueron rebautizados, mientras que otros no. Era demasiado para el grupo principal de separatistas de Scrooby que únicamente deseaba vivir en paz y armonía. Acordaron a regañadientes que había llegado el momento de apartarse de sus amigos de Ámsterdan y de volver a empezar.

En la primavera de 1609, un grupo como de cien personas, entre los que estaban William, los Brewster y la familia Robinson, se trasladaron a Leiden, treinta y cinco kilómetros al suroeste de Ámsterdam. Leiden era una bulliciosa ciudad universitaria de cuarenta mil habitantes, edificada sobre cuarenta islas conectadas por 145 puentes sobre el río Rin. Desde el momento de su llegada, William apreció la belleza de Leiden en comparación con Ámsterdam. La ciudad era también un centro textil, y los hombres y mujeres del grupo volvieron a encontrar trabajo en la industria textil. Pero no se fabricaban en Leiden tejidos de seda, por lo que William encontró trabajo como aprendiz de tejedor de paño de «fustán», tejido parecido a la pana confeccionado con lino y lana. William ya tenía diecinueve años. Anhelaba cumplir los veintiuno, edad en la que podría vender la tierra y las casas que había heredado en Inglaterra y establecer su propio negocio.

La vida de los separatistas de Scrooby cayó en la rutina del trabajo, el descanso y el culto a Dios. Pero aunque Leiden era una hermosa ciudad, la vida allí era difícil. William vivía con los Brewster en una casa situada en Stincksteeg, o calleja del mal olor. La calleja era oscura y hedionda; medía metro y medio de ancha. Y suponía un gran reto alimentar y vestir a todos. La vida en la ciudad era más cara que en la campiña de Yorkshire. Como no había campos en los que cultivar verduras o criar ganado, había que comprarlo todo en el mercado. En consecuencia, todos tenían que trabajar duramente para conseguir el dinero necesario para sobrevivir. Incluso los niños, algunos de solo cuatro años, tenían que trabajar. La verdad era que si una familia no conseguía suficiente dinero, corría peligro de morirse de hambre, especialmente, porque el precio de los alimentos en el mercado subía constantemente. Gracias a Dios, como Leiden era una ciudad universitaria, William Brewster pudo encontrar trabajo estable tutorando alumnos.

En marzo de 1611 William Bradford cumplió veintiún años y pudo heredar la tierra y las casas que su padre le había dejado en Inglaterra, tomar posesión de ellas y venderlas. William Brewster le ayudó a nombrar un agente para vender las propiedades y enviarle el dinero a Holanda. Cuando recibió el dinero de la venta en Inglaterra, William se pudo comprar un taller y una casa pequeña en Achtergracht, o Canal Posterior, donde estableció un taller de tejidos. También empleó parte de su dinero en comprar una casa para la familia Robinson. El pastor John Robinson prestaba servicio como líder del grupo y usó su casa como lugar de reunión. El grupo de separatistas que vivía en Leiden iba creciendo incesantemente.

Cuando cumplió veintidós años William se hizo ciudadano de Leiden y miembro de un gremio. Por esa época hablaba y escribía holandés y se resignó al hecho de que probablemente nunca volvería a vivir en Inglaterra.

Al año siguiente, William dio un paso más en el proceso de establecerse en Holanda. Se casó con Dorothy May, de dieciséis años, cuya familia formaba parte de la congregación separatista de Ámsterdam. La pareja contrajo matrimonio el 10 de diciembre de 1613, en la oficina del magistrado de Ámsterdam. Los separatistas no se casaban en iglesias, ya que no encontraban ejemplos en la Biblia en los que esto se hiciera.

William y Dorothy iniciaron su vida matrimonial en la casita de William junto al canal. Su vida siguió girando en torno a la iglesia y el taller, ya que el negocio de William comenzó a prosperar. En 1615, Dorothy dio a luz un hijo, a quien pusieron por nombre John, como el del pastor John Robinson.

Siete años habían transcurrido desde que los separatistas de Scrooby emigraran a Holanda, pero las cosas en su nuevo hogar no iban tan bien como muchos habían esperado. Cierto número de personas vivían hacinadas en espacios reducidos, donde la enfermedad era una amenaza constante. Varios niños murieron, también el bebé de los Brewster. Muchas familias trabajaban con tejidos de lino, y con el tiempo delgadas fibras se alojaban en sus pulmones, con lo que resultaba difícil respirar.

No es extraño que los jóvenes, muchos de los cuales no recordaban la Inglaterra que habían dejado atrás cuando eran muy pequeños, rechazaran las duras labores que sus padres les habían enseñado. Esto fue objeto de preocupación para William y otros padres. Se daban cuenta de que en muchos sentidos los niños ya eran más holandeses que ingleses y se preguntaban si sus nietos se considerarían ingleses, y mucho menos descendientes del pueblo inglés que luchaba por preservar su libertad religiosa.

Los separatistas de Scrooby tenían otro motivo de preocupación. Unos cuarenta años antes los holandeses se habían sublevado contra la monarquía española, que gobernaba su país. Se desató una larga lucha por la independencia. A lo largo del proceso los holandeses abrazaron el protestantismo y una actitud de tolerancia religiosa. La lucha por la independencia se prolongó durante años hasta que en 1609 entró en vigor un tratado entre Holanda y España que puso fin a la lucha por un periodo de doce años.

El tratado expiraría en 1621, y como los separatistas de Leiden contemplaban su futuro a largo plazo en Holanda, les preocupaba lo que les podría suceder una vez que el tratado expirara. Temían que se reanudara otra vez la guerra, y si ganaban los españoles, harían que Holanda volviese a ser un país católico. Esta era una idea intolerable. Después de todo, ellos habían huido de Inglaterra para escapar a la tiranía de una iglesia impuesta por el Estado. Y una Holanda normalmente tolerante empezaba a estar convulsionada por el extremismo religioso, ya que los calvinistas y arminianos holandeses luchaban entre sí, a veces violentamente, para dominar en el país. Aunque fueran afines con los calvinistas, los separatistas no querían quedar atrapados en el conflicto.

A medida que iban pasando los meses, los separatistas de Leiden se convencieron de que tendrían que volver a emigrar. Esta vez tendrían que buscar un lugar donde pudieran vivir y practicar su fe en una colonia inglesa. La gran cuestión era dónde ir.

Dos posibilidades les vinieron de inmediato a la mente. Una era Jamestown, la colonia británica establecida en Virginia, Nuevo Mundo, en 1608. Pero los colonos que se establecieron allí tuvieron que soportar tales dificultades que era casi imposible persuadir a otros de que siguieran su senda. En un intento por preservar Jamestown, en 1616 el rey James I anunció que los condenados a muerte podrían ir allá para reiniciar sus vidas. Otra opción era Guyana, en la costa norte de América del Sur. Muchos separatistas habían leído el relato de sir Walter Raleigh, que describía la hermosura del lugar y su exuberante vegetación, con muchos recursos disponibles.

No obstante, estas dos opciones fueron pronto descartadas. Las terribles historias de supervivencia de los colonos en Jamestown desaconsejaron que el grupo optara por esa idea. Y cuando se supo que muchos hombres de sir Walter Raleigh habían muerto en Guyana por causa de la enfermedad y el clima tropical, y que el lugar estaba controlado por la católica España, la idea de ir a Guyana fue también abandonada. Sin embargo, para Navidad de 1617, William ya había decidido dónde ir. Él y Dorothy se sumarían al grupo de separatistas con destino al Nuevo Mundo, no a Jamestown, sino a algún otro lugar de Virginia donde ellos pudieran construir y dar forma a su propia comunidad.

El primer paso para realizar ese objetivo fue comisionar a dos de los suyos, John Carver y Robert Cushman, para volver a Inglaterra, obtener los documentos legales y recaudar el dinero necesario para viajar al Nuevo Mundo. Corría el mes de enero de 1618, y los hombres esperaban volver con buenas noticias para fines del verano.

Capítulo 4

Decisiones

Mientras William disparaba la lanzadera cargada con el hilo de urdimbre del telar, pensó en las muchas decisiones que habría que tomar antes que el grupo partiera hacia América. ¿Qué líderes debían ir? La congregación de Leiden estaba aumentando. Sumaba trescientos miembros procedentes de toda Inglaterra. ¿Cuántos debían ir en la primera ola, y cuántos debían después seguirles? ¿Serían capaces de financiar el viaje? ¿Cuántos barcos necesitarían y dónde los encontrarían?

Viendo a su hijo John de tres años jugar en el suelo con carretes de hilo vacíos, William se preguntó cuál sería el futuro de su hijo. ¿Debían llevar a John con ellos o dejarle con sus abuelos maternos en Ámsterdam? ¿Era John demasiado pequeño para sobrevivir un largo viaje por mar, aun cuando otros corrieran ese riesgo con sus hijos? Y si dejaban a

John, ¿cómo asumiría Dorothy la separación de su único hijo? William ignoraba cómo responder a estas preguntas, pero sabía que podía orar a Dios para que guiara a su familia.

Las cartas de John Carver y Robert Cushman, de Inglaterra, llegaron con una noticia frustrante. Ambos habían entablado negociaciones con la *Virginia Company* de Londres. A la Compañía de Virginia se le concedió una cédula real, o arrendamiento a largo plazo del territorio de Virginia en América del Norte. A cambio, se encomendó a la compañía establecer y apoyar a las colonias en el territorio. Para hacer esto, la Compañía de Virginia cedió terrenos a grupos de colonos que estuvieran dispuestos a pagar su pasaje al Nuevo Mundo para establecer comunidades. John y Robert intentaban negociar tal concesión de tierras, o patente, como se llamaba, de la compañía, para los separatistas de Leiden. Pero las negociaciones fueron lentas y prolongadas.

William descubrió ese verano que otro grupo de separatistas en Ámsterdam estaban en marcha. Se las habían arreglado para obtener patente y permiso para emigrar a Virginia, y 180 de ellos, bajo el liderazgo del presbítero Francis Blackwell, viajaban a Londres para embarcarse con destino a América del Norte. La noticia hizo que fuera más frustrante para William la escasez de progreso para obtener una concesión de tierras.

Al final, la congregación separatista de Leiden decidió enviar a William Brewster a Londres haciendo un esfuerzo por acelerar las cosas. Aunque él era quien más experiencia tenía en diplomacia, tenía también una desventaja importante. Un año antes, había montado una imprenta y comenzado a producir libros que se mofaban de la iglesia anglicana y de sus líderes, en particular el rey James. La congregación de Leiden decidió enviarle a Londres de todos modos, confiando que no se encontrara con nadie que hubiera leído los libros que había publicado.

En mayo de 1619, otro revés frustró los planes del traslado del grupo a América. William, que a la sazón era uno de los presbíteros de la congregación, recibió una misiva de Robert Cushman que comenzaba, de manera muy parecida a sus otras cartas, describiendo las dificultades que él y John Carver afrontaban en su negociación con la Compañía de Virginia y su intrincada política. Después, pasaba a informar de otra cosa. El pulso de William se aceleró con la lectura.

> El capitán Samuel Argall ha traído la descorazonadora noticia de un barco llamado *William and Thomas*, que transportaba al presbítero Francis Blackwell y su gente. Tuvieron que navegar muy al sur debido a vientos gélidos del noroeste. El capitán del navío y seis miembros de la tripulación se estaban muriendo después de una larga búsqueda de la bahía de Chesapeake. El barco lleno de colonos no llegó a Virginia hasta marzo —seis meses después de zarpar de Inglaterra—. El señor Blackwell y el capitán Maggner han muerto.
>
> El señor Argall nos ha informado que de las 180 personas que atestaban el barco, 130 han fallecido. Les faltó agua potable y sufrieron diarrea.

Cuando William leyó la carta de Robert a la congregación, el domingo por la mañana, todos se quedaron estupefactos. Conocían a muchas de las personas que habían perecido a bordo del *William and Thomas* con destino a Virginia. Este podía haber sido su destino. William sabía que la triste noticia haría desfallecer a muchos corazones, pero animó a los miembros de la congregación a perseverar. «Las grandes y honorables acciones van acompañadas de grandes dificultades que se pueden superar con valor responsable... Estas dificultades son muchas, pero no invencibles», les dijo.

No obstante, William y los demás sabían que llegar al Nuevo Mundo a salvo no era más que el primero de muchos obstáculos igualmente peligrosos que tendrían que superar. Una vez allí, tendrían que contender con los indígenas: habían oído varios informes de cómo los miembros de la comunidad de Jamestown habían tenido que enfrentarse a ellos. También, los holandeses, los españoles y los franceses contendían con los ingleses por el control de tierra en América. Dada esta realidad, William empezó a indagar para dar con algún militar que les acompañara a América para ayudarles a preservar el grupo y enseñarles a protegerse a sí mismos.

Su primera opción fue el capitán John Smith, uno de los fundadores de la colonia de Jamestown en Virginia. John había explorado y cartografiado buena parte de la costa noreste de América del Norte. Acumulaba una experiencia personal que sería muy valiosa para los separatistas cuando llegaran al Nuevo Mundo. No obstante, el precio que pedía por sus servicios era demasiado alto, por lo que William siguió buscando. Halló al capitán Myles Standish, un inglés que vivía en Leiden con su esposa Rose.

Myles Standish llegó a Holanda siendo teniente del ejército inglés cuando la reina Elizabeth decidió apoyar a los holandeses para independizarse de España. Combatió en varias batallas y fue ascendido al rango de capitán. Cuando se firmó la tregua de doce años entre los holandeses y los españoles, él se quedó en Holanda. William y varios presbíteros de la congregación separatista se entrevistaron con Myles y le comentaron sus preocupaciones y su necesidad de sobrevivir en América. El capitán Standish, hombre bajo de estatura, pelirrojo, parecía competente y solidario con los objetivos del grupo, y aceptó navegar con ellos al Nuevo Mundo y servirles de consejero militar.

En el verano, se recibieron más cartas de John Carver y Robert Cushman, selladas en Londres, contando las interminables barreras que se interponían en su camino mientras trataban de conseguir el apoyo y los recursos necesarios para realizar el peligroso viaje de reasentamiento en América. Aunque la Compañía de Virginia estaba dispuesta a conceder una patente de tierras al grupo separatista, parece que el verdadero escollo fue la garantía que los separatistas anhelaban: disfrutar de libertad religiosa una vez que llegasen a su destino.

Todos, incluido William, sintieron alivio cuando llegó una carta de Londres anunciando que la Compañía de Virginia había accedido a concederles la patente de tierra. Serían tierras situadas en el extremo norte del territorio de Virginia, cerca de la desembocadura del río Hudson. Había llegado el momento de buscar inversores dispuestos a sufragar los gastos y el viaje a través del océano Atlántico. William y los otros pidieron a Dios que Robert y John dieran con personas adecuadas que les ayudaran. William Brewster ya no podría hacerlo. El rey descubrió que había imprimido los libros prohibidos que ridiculizaban a su persona y a la iglesia anglicana y ordenó que le arrestaran. En consecuencia, William tuvo que esconderse.

Las negociaciones con los posibles inversores se prolongaron tanto que todo el grupo de Leiden sintió gran desánimo. Pero cuando el gobierno holandés se enteró de que los separatistas proyectaban salir del país para refugiarse en América, les hicieron una tentadora oferta en enero de 1620. La Nueva Compañía de los Países Bajos prometió a los separatistas pasaje gratuito a América, ganado, y libertad para practicar su religión si se asentaban en la colonia holandesa y se establecían en la desembocadura del río Hudson. Aunque los separatistas habrían preferido permanecer bajo bandera inglesa, estaban tan frustrados con la falta de progreso en las negociaciones de Londres que aceptaron la oferta.

Justo cuando estaban a punto de firmar la oferta de la Nueva Compañía de los Países Bajos, un comerciante inglés llamado Thomas Weston atracó en Leiden. Él y un grupo de setenta inversores que se hacían llamar Comerciantes Aventureros ofrecieron apoyo a la aventura separatista en el Nuevo Mundo. Los Comerciantes Aventureros enviarían a los separatistas y les suministrarían todo lo necesario para construir una colonia una vez alcanzasen América del Norte. Por su parte, a los separatistas se les exigía devolver a los inversores, en un periodo de tiempo, todo lo que se les había suministrado, así como participar en los beneficios de su pesca y agricultura. Una vez más John Carver y Robert Cushing entablaron negociaciones.

Se alcanzó un acuerdo y se formó una alianza entre los Comerciantes Aventureros y los separatistas de Leiden. En el acuerdo, los separatistas eran los Plantadores, ya que ellos serían los que irían y establecerían el asentamiento. Los términos del contrato especificaban que los Comerciantes Aventureros proveyesen barcos y provisiones a los Plantadores a cambio de siete años de trabajo desde que arribaran al Nuevo Mundo. Durante ese tiempo, todo el dinero que los Plantadores consiguieran como pescadores y granjeros iría a pagar la deuda que debían a los Comerciantes Aventureros. Cuando la deuda fuera cancelada, los beneficios se mantendrían depositados en acciones hasta el final del periodo de siete años. Para ese tiempo los beneficios se dividirían entre los Plantadores y los Comerciantes aventureros. Aunque se les exigía trabajar para cumplir su acuerdo, se permitía a los separatistas trabajar dos días a la semana en su propio beneficio. Al final de la asociación pactada de siete años, los Plantadores serían dueños de sus propias casas y tierras en América del Norte.

Una vez que tuvieron patente de tierra en Virginia y firmaron un acuerdo de asociación con el grupo de inversores, los separatistas tenían que empezar a tomar decisiones. El pastor John Robinson decidió permanecer en Leiden con los que querían quedarse en la ciudad. Prometió incorporarse a los viajeros en el Nuevo Mundo tan pronto como le fuera posible. William y Dorothy se angustiaron no sabiendo si llevar o no a su hijo John con ellos. Escogieron dejarle con sus abuelos, con la esperanza de que más adelante pudiera viajar a América con los Robinson u otra familia de Leiden.

Mary Brewster decidió llevar a sus hijos más pequeños, Fear, Love y Wrestling —nombre que significa

Lucha, por haber luchado contra Satanás— con ella
y dejar a sus dos hijos mayores, Jonathan y Patience,
en la comunidad de Leiden. Su marido William seguía escondido en Inglaterra, pero en cartas secretas
enviadas a Holanda comunicó a su esposa que se re-
uniría con la familia cuando llegara a Inglaterra.

Los miembros de la congregación de Leiden tuvieron que orar y decidir quién debía ir en el primer
viaje. Cuatro hombres, Francis Cooke, Thomas Ro-
gers, Samuel Fuller y Richard Warren, dejaron a sus
esposas en Leiden y siguieron adelante. Las esposas
viajarían cuando sus esposos se hubiesen establecido en América. Otro hombre, Isaac Allerton, decidió
viajar con Mary, su esposa embarazada, y sus tres
hijos pequeños, Bartholomew, Remember y Mary,
en el primer viaje. William Bradford y los que iban
a partir vendieron sus casas y posesiones en Leiden
y se prepararon para viajar, primero a Inglaterra y
después, a través del océano Atlántico, hasta el Nuevo Mundo.

En Leiden, William y los otros hombres se reunían regularmente para orar, conversar y planear el
siguiente paso. En una de sus reuniones, resolvieron juntar buena parte del dinero recibido de la venta de sus casas y posesiones y usarlo para comprar
un barco pequeño en Holanda. De este modo, razo-
naron los hombres, ahorrarían dinero a largo plazo.
Podrían usar la nave para navegar hasta Inglaterra
y después, cruzar el Atlántico. Cuando llegaran al
Nuevo Mundo, el barco podría reconvertirse en barco pesquero por la abundancia de bacalao que había
en las aguas de la costa noreste de América del Norte. De este modo, tendrían pescado para el invierno y, con suerte, suficiente para sazonar, enviarlo

a Inglaterra y venderlo para pagar su deuda con los
Comerciantes aventureros.

Se encomendó a William la búsqueda de un barco adecuado. Pronto localizó un barco de sesenta
toneladas de nombre *Speedwell*. A William le dijeron
que la nave, aunque sólo tenía quince metros de eslora, bien podía cruzar el Atlántico hasta América del
Norte. Barcos muchos más pequeños y ligeros que
el *Speedwell* habían cruzado el océano y retornado
a salvo. El grupo compró el *Speedwell* y le incorporó
dos mástiles para el viaje. También contrataron a un
capitán y tripulación, quienes aceptaron quedarse
en América todo un año.

Después de muchos retrasos, llegó el día, para los
aproximadamente setenta separatistas que habían
decidido atravesar el Atlántico y establecer una nueva comunidad en América, de reunirse en el pequeño
puerto holandés de Delfhaven, donde el *Speedwell*
levó anclas. El equipaje fue arrastrado en botes hasta
el barco y cargado con barriles de mantequilla holandesa que los viajeros iban a llevar consigo al Nuevo
Mundo.

Un gran grupo de separatistas y amigos de Leiden viajaron a Delfhaven para despedirse. Algunos
separatistas venían incluso de Ámsterdam, a ochenta kilómetros de distancia, para compartir la ocasión. Esa noche se celebró en Delfhaven una fiesta
solemne, acompañada de oraciones, cánticos y des-
consoladas despedidas. William echó un vistazo y se
sintió abrumado por el gran sacrificio que algunos
de los viajeros estaban dispuestos a hacer.

En la mañana del 21 de julio de 1620, los separatistas que partían fueron transportados en botes de
remos hasta el *Speedwell*. Cuando les tocó el turno,

William y Dorothy se despidieron sollozando de su hijo John de cinco años y subieron al bote. William miró a su hijo mientras se alejaban. Esperaba que John pudiera unirse a ellos en el Nuevo Mundo no mucho después.

El pastor John Robinson se acercó al barco en un bote para dar su última despedida a los miembros de su congregación. Deseó a todos mucho éxito en la aventura que tenían por delante. Después de abrazar a William, el pastor Robinson le entregó una carta con instrucciones para leérsela al grupo una vez que llegaran a Inglaterra. Para entonces, había subido la marea y era el momento de zarpar. El pastor Robinson elevó una oración ferviente por el grupo y lo encomendó al cuidado de Dios. Luego volvió al bote y a la orilla.

El *Speedwell* levó anclas y desplegó sus velas. La primera etapa de su viaje al Nuevo Mundo había comenzado. Se dirigían hacia el puerto de Southampton, al sur de Inglaterra, donde se añadiría al otro barco que los Comerciantes aventureros habían fletado para emprender la travesía por el Atlántico. En Southampton cargarían los barcos con los suministros y equipos que los inversores habían prometido facilitar.

Cuando el *Speedwell* zarpó, William se dio cuenta que no tenía tiempo que perder. Corría el mes de julio y se estaban retrasando mucho. Él había esperado que por esas fechas los viajeros ya hubieran plantado sus semillas en el Nuevo Mundo y ya estuvieran creciendo.

Capítulo 5

Travesía

El *Speedwell* tardó poco en llegar a Southampton. William permaneció en cubierta mientras navegaban cerca de la isla de Wight y atracaban en el puerto. Era la primera vez que veía su país natal en doce años. El *Speedwell* echó el ancla junto a un barco llamado *Mayflower*. Este barco tenía treinta metros de eslora, la proa inclinada y un tamaño como tres veces más grande que el *Speedwell*. Tenía un aparejo cruzado con tres mástiles y dos estructuras altas, tipo castillo en la proa y la popa.

—¡Bienvenidos a Inglaterra! —oyó William gritar. Se asomó y vio a John Carver en la cubierta del *Mayflower*.

—¿Es este nuestro barco? —gritó a su vez William.

—Sí. Es una buena nave.

William estaba seguro de que las cosas irían bien y que pronto se hallarían rumbo a América.

Una vez que el *Speedwell* estuvo bien anclado, William y Myles Standish fueron transportados en bote hasta el *Mayflower*. Después de subir a bordo por la escalera de cuerda, William miró en derredor. Vio muchos extraños en cubierta que parecían sentirse como en casa. Un niño pequeño pasó a su lado detrás de un perro.

—Saludos, hermano. Bienvenido a bordo. ¿Qué tal el viaje? —preguntó John Carver a William dándole un abrazo.

—Hemos tenido el viento a favor —repuso William. Después frunció el ceño—. ¿Quiénes son estas personas? ¿Son separatistas como nosotros?

John negó con la cabeza.

—Muchas cosas han cambiado desde que envié mi última carta. Ha habido que tomar decisiones, y lamentablemente, Robert Cushman las tomó sin consultarme a mí ni a nadie.

—¿Qué clase de decisiones? —preguntó William, intentando mantener la calma.

John empezó a relatar lo que había sucedido. Los Comerciantes aventureros, dirigidos por Thomas Weston, habían reclutado otras cincuenta personas para que acompañaran a los separatistas en la nueva colonia. No habían pedido permiso para hacer tal cosa. No les hacía falta, ya que eran quienes manejaban las cuerdas del dinero. Thomas había asegurado a John y Robert que la gente había sido escogida meticulosamente para añadir destrezas necesarias al grupo. Pero según John, esto no era verdad. Entre la gente «útil» había cuatro hermanos, Ellen, Jasper, Mary y Richard More. Tenían entre cuatro y ocho años y eran víctimas de un desagradable divorcio. Su padre, un rico terrateniente, había declarado

ante el juez que él no creía que los niños fueran suyos. Aun así, consiguió la custodia de todos ellos
y, sin el permiso de su ex esposa, pagó a Thomas
Weston el pasaje de los cuatro para enviarles en el
Mayflower a trabajar como criados en la colonia.

William se consternó. Pero la cosa no terminaba
ahí. Habían contratado a varios jóvenes como trabajadores. Pero no parecían estar dispuestos a some-
terse a nadie. Y después, estaba Christopher Martin,
uno de los primeros setenta Comerciantes aventureros, que viajaba con ellos para vigilar sus intere-
ses. Viajaban con él su esposa, su hijastro Solomon
Prower y su criado. Los Comerciantes aventureros le
habían declarado gobernador del *Speedwell*.

Mientras William movía la cabeza, John esbo-
zó rápidamente los problemas que él y Robert habían tenido con Christopher, sujeto rico y obstina-
do, acostumbrado a salirse con la suya. El hombre
había comprado provisiones para el viaje sin tener
en cuenta los gastos. En consecuencia, el dinero se
había consumido antes de adquirir todas las provisiones y materiales necesarios. Cuando los dos separatistas cuestionaron algunas de sus decisiones,
él rehusó entregar sus facturas, diciéndoles que no
era asunto suyo. William entendió que poco se podía
hacer al respecto. Christopher Martin y sus modales
dominantes tendrían que ser tolerados.

Lo único bueno que William vio en todo ello fue
que algunos de los nuevos pasajeros tenían habilidades específicas —habilidades que serían útiles
para fundar una nueva colonia—. Se dio cuenta que
los separatistas tenían poco que ofrecer en este sentido. Aparte de Thomas Tinker, que era carpintero,
los demás separatistas se dedicaban al comercio

textil: tintura, cardado de lana, hilados y tejidos. Y anteriormente, muchos habían sido granjeros en Inglaterra.

Esa noche, cuando William se sentó con John y Robert, conoció los detalles del trato que Robert había acordado. Robert se explicó diciendo que Thomas Weston había atraído nuevos inversores a los Comerciantes aventureros y que se empeñaron en alterar las condiciones del acuerdo. En consecuencia, al finalizar el periodo de los siete años de contrato, solamente la mitad de las tierras y propiedades colonizadas, y no todas, como se había convenido previamente, pasarían a ser propiedad de los separatistas. También, la concesión de que cada uno de ellos dispusiera de dos días a la semana para trabajar en proyectos personales se había borrado del contrato. Robert dijo que no había tenido más remedio que firmar la enmienda del contrato en nombre del grupo. Si no lo hacía, el sueño del traslado al Nuevo Mundo se habría frustrado.

William se horrorizó al oír las nuevas condiciones. Habían acordado y firmado un contrato negociado con Thomas Weston y los Comerciantes aventureros de buena fe. Contrato que ahora había sido descartado por la pluma de Robert Cushman.

—Usted puede haber firmado el contrato, pero yo no lo habría hecho, y dudo que lo hiciera ninguno de nosotros —dijo William a Robert.

La clase de gente añadida al grupo también era motivo de preocupación para William. ¿Cómo podrían esos individuos colaborar con los separatistas para formar una colonia al otro lado del Atlántico? Robert confirmó lo que John había comunicado a William ese mismo día: Thomas Weston no le había pedido permiso para añadir esas personas al grupo, y no pudieron impedírselo. Robert también dijo a William que él pensaba que sería un milagro que todos llegaran a su destino y comenzaran a cultivar sin volverse unos contra otros.

William se preguntaba si aquella aventura no estaría condenada al fracaso desde el principio. Resultaba difícil creer que Dios hubiese dispuesto que toda esa gente se les sumara. William sabía que ahora ya no tenían más remedio que orar para que todo saliera bien. Era pleno verano y necesitaban hacerse a la mar lo antes posible para evitar tormentas en el océano Atlántico, antes de que llegase el frío invierno.

Las cosas fueron mal desde el principio. Thomas Weston llegó a Southampton procedente de Londres, y se negó a renegociar algunas de las cláusulas modificadas del contrato con los separatistas. Al final, se marchó muy enfadado, diciéndoles que los Comerciantes aventureros no iban a gastar ni un solo penique más en el viaje. Esto dejó al grupo con un déficit de casi cien libras, de modo que se vieron obligados a vender parte de sus provisiones alimenticias, como también la mantequilla que habían traído de Holanda, para recaudar dinero y así poder zarpar.

El estado de ánimo de William se elevó cuando William Brewster llegó camuflado y subió a bordo del *Mayflower*. William Brewster tuvo que permanecer tumbado hasta que el barco dejó atrás las aguas inglesas, pero William sintió gran alivio al tener presente a su amigo y uno de los líderes del grupo.

El sábado 5 de agosto de 1620, un mes después de la fecha original programada para abandonar

Inglaterra, el *Speedwell* y el *Mayflower* desplegaron sus velas, zarparon del puerto de Southampton, dejaron atrás la isla de Wight y navegaron por el canal de la Mancha. Wlliam y la mayor parte de los separatistas iban a bordo del *Speedwell*, junto con Christopher Martin, su familia y su criado. La mayor parte de los «extraños», como llamaban los separatistas a la gente que habían reclutado los Comerciantes aventureros, viajaban en el *Mayflower*. Entre todos, 130 pasajeros iban a bordo de las dos naves. Los barcos navegaban a la vista uno del otro, pero después de algunas horas, apareció una vía de agua en el *Speedwell*. El capitán Reynolds mantuvo informados a William Brewster y William Bradford, y pronto resultó obvio que la situación era peligrosa. No había manera de que el *Speedwell* pudiera emprender con seguridad una travesía tan larga a través del Atlántico. La nave regresó a tierra y el *Mayflower* la siguió. Los barcos llegaron al puerto de Dartmouth, donde el *Speedwell* fue examinado. Un carpintero de ribera reparó el entarimado, pero no pudo encontrar ninguna causa de tan seria vía de agua.

El 23 de agosto, los dos barcos se hicieron una vez más a la mar. Esta vez se hallaban a casi quinientos kilómetros de la costa cuando volvió a filtrarse agua en el *Speedwell*. El capitán Reynolds dijo a los separatistas que no tenía más remedio que deshacer el rumbo del barco y virar hacia el puerto más cercano. Una vez más el *Mayflower* lo escoltó. Fue un tenso tramo de navegación —una carrera contra el reloj y la corriente—, pero el barco llegó al puerto de Plymouth encharcado y gravemente afectado.

En Plymouth, el capitán Christopher Jones, del *Mayflower*, ordenó a todos que se quedaran a bordo por temor de que los pasajeros huyeran si tenían oportunidad. Los pasajeros del *Speedwell* desembarcaron rápidamente de la nave. Algunos de los que desembarcaron rehusaron poner pie en otra nave. Dos salidas en falso les bastaban. Optaron por quedarse en Inglaterra en vez de arriesgarse por tercera vez a intentar cruzar el océano Atlántico. Entre ellos había varias familias del grupo separatista de Leiden, incluido Robert Cushman.

Una vez que los asustadizos pasajeros del *Speedwell* abandonaron el grupo, 102 pasajeros aún estuvieron comprometidos con la empresa conjunta, o, como los niños More y los veinticinco siervos con contrato de aprendizaje, no tuvieron más remedio que seguir adelante. El grupo estaba compuesto de cincuenta y dos hombres, veinte mujeres, catorce niños pequeños y dieciséis adolescentes de edades comprendidas entre los doce y los dieciséis años. Además, el *Mayflower* contaba con treinta tripulantes. Aparte de William, sólo dos miembros del primer grupo de Scrooby permanecieron a bordo —William y Mary Brewster.

Era obvio que el *Speedwell* no servía para navegar por alta mar, por ello los presbíteros acordaron deshacerse de la nave y venderla. No les resultaba útil. Pero con ello se desvanecía su esperanza de pescar por la costa este de América del Norte y de enviar pescado para generar beneficios para sus inversores. Quizás, lo más descorazonador fuera el hecho de que sin su propio barco, el grupo no tendría manera de escapar, o de retornar a Inglaterra, o a un puerto más seguro, si era necesario. Una vez que alcanzaran América, y el *Mayflower* volviera a casa, se quedarían solos, a expensas de los indígenas y del tiempo atmosférico. Este era otro gran motivo de preocupación. Estaría próximo el invierno cuando llegaran y ya habían vendido y consumido buena parte de sus raciones de comida en las dos salidas en falso.

Mientras los hombres comentaban la difícil situación, comprendieron que tendrían que zarpar a pesar de lo que tuvieran que afrontar. El viaje del *Mayflower* había sido sufragado y no había lugar en Inglaterra donde tanta gente se pudiera hospedar hasta la primavera.

William movió la cabeza pensando en el reto que tenían por delante. El *Mayflower* no había sido diseñado para transportar 102 pasajeros. De hecho, ni siquiera era un barco de pasajeros. Había sido un «barco dulce», dando a entender que se había usado para transportar barriles de vino clarete en su bodega entre el continente europeo e Inglaterra. A menudo se derramaba algo de los barriles durante la carga y descarga, salpicando y empapando la maderae impregnándola de un dulce olor que traspasaba la cubierta del *Mayflower*. Casi todo el equipaje iba almacenado en la bodega.

Por encima de la bodega y debajo de la cubierta estaba la cubierta inferior o sala de armas. Ahí es donde vivían los pasajeros en un espacio de casi dieciocho metros de largo, siete y medio de ancho y uno y medio de alto. Había cañones a ambos lados de la cubierta y varias escotillas que daban acceso a la bodega del barco. También había un torno y cabrestante para subir y bajar cosas pesadas, y el mástil principal situado en el centro de la cubierta.

Todo ello ocupaba un espacio valioso en la abarro-
tada superficie habitable. Una chalupa de diez metros de eslora[1], de un solo mástil partida en cuatro
también iba allí almacenada. Por el día, se colaba
una luz tenue en la cubierta inferior, pero por la
noche estaba completamente a oscuras. En la zona
izquierda abierta de la cubierta, los pasajeros hallaban espacio para vivir. Algunos colgaban hamacas
para dormir, otros lo hacían sobre la dura cubierta.
Algunos usaban tablas de madera para acotar su
espacio y tratar de conseguir algo de privacidad.

William encontró un reducido espacio para su esposa y él y dispuso sus hamacas y su ropa de cama.
Incluso cuando el barco estaba fondeado en el puerto de Plymouth, podía oír el gemido de los tablones y
el chapoteo del agua en las sentinas[2] del fondo de la
nave.

El miércoles, 6 de septiembre de 1620, un mes y
un día después de zarpar de Southampton, de pie, en
la cubierta del *Mayflower,* William vio levar el ancla.

—No va a ser fácil, pero Dios irá con nosotros
tros —dijo echando el brazo sobre el hombro de
Dorothy.

William en seguida descubrió cuán certera era
esa declaración. En solo dos días de viaje experi-
mentó lo más parecido a lo que se imaginaba que
podía ser el infierno. Había un cocinero a bordo,
pero sólo servía a los treinta miembros de la tripulación. Como no tenían sitio donde cocinar, comían

---

1   Eslora: Longitud que tiene la nave sobre la primera o principal cubierta desde el codaste a la roda por la parte de adentro.
2   Sentinas: Cavidad inferior de la nave, que está sobre la quilla y en la que
se reúnen las aguas que, de diferentes procedencias, se filtran por los costa-
dos y cubierta del buque, de donde son expulsadas después por las bombas.

alimentos fríos: galletas náuticas[3], ternera seca de vacuno y queso. Muchos pasajeros perdieron pronto su interés por la comida. Muchos se mareaban, y el espacio entre las cubiertas apestaba a vómito. A otros les entró diarrea por vivir en condiciones tan antihigiénicas. El único lugar para ir al retrete era el borde de la toldilla de popa en la parte superior trasera del barco. Pero era muy peligroso ir allí por la noche y difícil para que un enfermo accediera. Al cabo de poco, el piso de la cubierta inferior estuvo resbaladizo con el excremento humano que se vertía de los cubos que se usaban como retretes.

Bajo tales circunstancias, los que vivían en la cubierta inferior pronto llegaron a conocerse. Tenían poca privacidad, a pesar de los ásperos tabiques de madera que algunos habían levantado. Dorothy dedicaba su tiempo a atender a tres mujeres embarazadas que iban a bordo. Cuando los pasajeros subían a la cubierta superior durante el día, para reconfortarse junto a la popa o ver el sol, eran ridiculizados por la tripulación. La tripulación estaba acostumbrada a transportar carga, no pasajeros, en especial mujeres y niños. Un barco de vela pertenecía a la esfera masculina, y muchos marineros creían que llevar mujeres a bordo daba mala suerte. No sólo eso; también llevaban mujeres y niños al norte de Virginia, lugar que, obviamente, no era el más adecuado. La caza de ballenas, la pesca, la captura con trampa y la exploración, típicas de esa región, eran todas ellas actividades varoniles.

---

3   Galletas náuticas o galletas marineras: En siglo XV, los marineros realizaban este tipo de galletas saladas, también llamadas «pan marinero», para abastecerse durante sus largos viajes. Eran hechas con una masa dura y sin humedad ya que esta era la única forma de conservarlas.

Un marinero en particular, encabezaba las burlas de los pasajeros. Le gustaba decir a los enfermos que estaría encantado de envolverles en sábanas y tirarlos al mar para «quedarse con lo que tenían». Cuando los separatistas le reprendían por sus crueles mofas, el marinero les maldecía y les insultaba. Resulta que este marinero cayó enfermo una mañana, y antes de declinar el día murió, y su cuerpo fue arrojado por un costado al océano. William observó que muchos otros marineros tomaban nota de la muerte de su compañero, viendo que era, seguramente, debida a la mano de Dios. Y aunque las vejaciones no acabaron del todo, se diluyeron bastante.

Después de cuatro semanas en el mar, una mujer del grupo de los extraños, Elizabeth Hopkins, dio a luz un niño. Ella y su marido Stephen, le pusieron por nombre Océano, como el vasto océano que les rodeaba. Stephen Hopkins era el único pasajero que había estado antes en el Nuevo Mundo. Había pasado algún tiempo en Jamestown.

No mucho después del nacimiento de Océano, y como a la mitad del océano Atlántico, el *Mayflower* se topó con una violenta tormenta. El viento azotó el océano con frenesí de olas que golpearon contra el barco de proa a popa y de babor a estribor. Por temor a que el barco pudiera perder sus mástiles y las velas se hicieran añicos, el capitán Jones ordenó enrollar las velas. La proa del *Mayflower* se orientó hacia el viento, y la nave trató de capear el temporal. A medida que las olas chocaban contra el barco, las cubiertas se alabeaban bajo la presión, abriendo momentáneamente grietas en el entarimado de la cubierta. Por las grietas se colaban frías gotas de agua sobre los hacinados pasajeros de la cubierta inferior, lo que aumentaba las penurias que ya venían soportando.

Cuando el *Mayflower* salió de la tormenta, John Howland, uno de los siervos por contrato que viajaban a bordo, subió a cubierta para disfrutar un poco de aire fresco. Apenas hubo alcanzado la cubierta superior, el barco se inclinó violentamente hacia un costado, y cayó por la borda. Afortunadamente, la driza (cuerda) de la gavia (vela en los masteleros) colgaba y se arrastraba en el agua. John la agarró y se sujetó firmemente; la tripulación enrolló la cuerda, le arrastró y le ayudó a subir a bordo, con un rostro pálido de temor y conmoción. Incluso el capitán exclamó que había sido un milagro que saliera con vida del mar en aquellas aguas agitadas.

Cuando el *Mayflower* era sacudido por la fuerza de la tormenta, una de las vigas centrales que soportaban la cubierta superior empezó a ceder y, al final, se partió. La tripulación no sabía qué hacer al respecto.

Algunos llegaron a sugerir que el barco diera media vuelta y regresara a Inglaterra. William no estaba dispuesto a aceptar tal propuesta. Habían llegado demasiado lejos como para dar marcha atrás.

Uno de los hombres de Leiden sugirió usar el gato de tornillo[4] de madera que los separatistas tenían en la bodega para recolocar en su sitio la viga partida. William observó a los hombres sacar el gato de la bodega y colocarlo debajo de la viga. Comenzaron a girar lentamente el tornillo hasta que la viga volvió a su posición. El carpintero del barco colocó un poste entre la viga y la cubierta inferior para sujetar la

---

4   Gato de tornillo: máquina empleada para la elevación de cargas pesadas mediante el accionamiento manual de una manivela o palanca.

viga en su lugar por el resto del viaje. William respiró aliviado.

Lentamente, la gran tormenta amainó y el tiempo se calmó, aunque hacía mucho más frío que antes. Era obvio que el invierno se aproximaba. El *Mayflower* llevaba cinco semanas de navegación, pero las sacudidas que había sufrido la nave hacían imposible prever cuándo podría tocar tierra.

El viaje se dilató y duró mucho más de lo previsto. La situación en la cubierta inferior se iba agravando. Enfermedad: escorbuto, neumonía, disentería y otras infecciones se iban propagando entre los pasajeros. Un día falleció el primer pasajero, William Butten, siervo de Samuel Fuller. Su muerte no fue sorpresa. William había estado tendido bajo cubierta casi desde que el barco zarpara de Plymouth. Su cuerpo fue arrojado al mar, y el *Mayflower* siguió su curso.

Lo único que podían hacer los separatistas era esperar, animarse unos a otros y orar por una llegada a buen puerto en el Nuevo Mundo.

De pronto, tres días después de la muerte de William Butten, en la madrugada del jueves 9 de noviembre de 1620, el vigía gritó «¡tierra a la vista!». William Bradford dio gracias a Dios en silencio por haber logrado arribar a América. Habían permanecido en el mar durante sesenta y cinco largos días. Todos, incluido William, esperaban que lo peor ya hubiera pasado, aunque William sabía que no podría ser así.

Capítulo 6

Huellas en el Nuevo Mundo

William Bradford se hizo la misma pregunta que todos los pasajeros y la tripulación: ¿Dónde se encontraban? Esta no era una pregunta fácil de responder. Asomándose a estribor, William vio una serie de colinas y un bosque que llegaba hasta cerca de la playa. ¿A cuánta distancia estaría el río Hudson? Aunque varios miembros de la tripulación y el pasajero Stephen Hopkins habían estado antes en el Nuevo Mundo, ninguno de ellos reconoció el terreno que pisaban. El capitán Jones recordó un mapa que John Smith había confeccionado seis años antes, y conversó con sus dos pilotos. Llegaron a la conclusión de que el *Mayflower* estaba cerca de la costa del cabo Cod, Nueva Inglaterra, 350 kilómetros al norte del lugar donde debían estar.

—Esta es la parte más difícil que nos queda —dijo el capitán Jones a William moviendo la cabeza—. Cabe pensar que hemos arriesgado la vida para llegar aquí, pero la parte más peligrosa es navegar con un barco cerca de la costa. No existen mapas de confianza que señalen la costa entre el lugar donde nos encontramos y el río Hudson. Tendremos que proceder con cautela. Bien podría haber arrecifes y rocas más adelante. He oído que ha habido más de un naufragio por estos parajes.

—¿Qué medidas va usted a tomar? —le preguntó William.

—Recurriremos a un sondeador —dijo el capitán, explicando que el sondeador se colocaría en la popa del barco y dejaría caer una cuerda con un peso de plomo para medir la profundidad del agua. Cargado como estaba, casi cuatro metros del casco del *Mayflower* estaban sumergidos bajo el nivel del agua. Si el fondo del agua rozaba ese nivel, la nave podía chocar contra un arrecife o encallar en un banco de arena.

—Intentaremos no navegar de noche, aunque será difícil, ya que las horas del día se van acortando. Al menos el viento sopla del norte.

Dicho esto, el capitán mandó al timonel orientar el barco hacia el sur.

El *Mayflower* navegó hacia el sur, en paralelo al cabo, como a unos cinco kilómetros de la costa. William permaneció en cubierta contemplando ávidamente la nueva tierra. Algunas ballenas viajaban cerca del barco y colonias de pececillos nadaban debajo. Algunos niños revolvían las cuerdas y gritaban y comentaban lo que veían.

Durante cinco horas el barco navegó fácilmente a favor del viento. El sondeador de popa medía constantemente la profundidad del agua e informaba al capitán. Pero en torno a la una de la tarde, la marea cambió y el viento se calmó. El agua se empezó a agitar y girar en torno de ellos. Se formaban remolinos y la marea absorbía grandes cantidades de agua del mar hacia la costa rocosa. El capitán Jones gritaba órdenes al timonel y la tripulación, intentando cambiar el rumbo del barco y adentrarse en el mar para escapar de los peligrosos escollos, corrientes y bancos de arena. Después de dos horas de actividad frenética de la tripulación para evitar el naufragio, el viento empezó a soplar hacia el sur, lo que permitió al *Mayflower* navegar y apartarse de la peligrosa corriente, acantilados y bancos de arena. William elevó una oración de agradecimiento.

Una vez a salvo, el capitán Jones anunció que íban a regresar al cabo Cod.

—La estación está muy avanzada y es demasiado peligroso llegar al río Hudson. A pesar de la patente de tierra en Virginia, desembarcaremos en Nueva Inglaterra —dijo el capitán.

William se vino abajo cuando oyó esto. Fue consciente de las dificultades que se aproximaban. Los siervos por contrato, al menos los más veteranos, ya hablaban de no estar legalmente obligados a sus amos una vez que desembarcaran porque ya no pisarían tierras inglesas. Algunos de los extraños, en particular John Billington, se quejaron de las oraciones y de la observancia del sábado que se habían respetado en el barco. Insinuaron que si no pisaban suelo inglés, los extraños se apartarían y formarían su propia colonia.

¿Habrían navegado hasta allí los separatistas, después de perder solamente a uno de los suyos, para ser desgarrados por las desavenencias y el egoísmo de los extraños? William intentó comprender cómo se sentían éstos. Los que no eran siervos habían viajado con la esperanza de adquirir su propia tierra, algo que los separatistas también deseaban. De alguna manera tenían que permanecer juntos el tiempo suficiente para enviar una carta a Inglaterra y explicar a los Comerciantes aventureros lo que había sucedido y solicitarles una patente para las nuevas tierras tan pronto como estuviera legalmente disponible. Mientras tanto, había que alcanzar alguna clase de acuerdo que satisficiera al mismo tiempo a los separatistas y a los extraños. Si no encontraban una fórmula de colaboración, es posible que no lograran superar su primer invierno que ya se cernía sobre el Nuevo Mundo.

Esa tarde, cuando el *Mayflower* se deslizaba lentamente por las aguas cercanas al codo de cabo Cod, William Bradford, William Brewster, John Carver, varios hombres de Leiden y varios extraños se reunieron para debatir el asunto. William les leyó la carta de John Robinson, que John Carver leyera en voz alta al grupo antes de zarpar de Southampton. Después de volver a oír la carta y comentarla, acordaron elegir un gobernador para guiarles, siguiendo los pasos establecidos en la carta del pastor Robinson. Los hombres mayores de veintiún años podrían votar, sin importar si eran separatistas o extraños, ricos o siervos por contrato. Todos ellos se comprometieron a obedecer las leyes y las decisiones que tomara el gobernador electo. Al día siguiente concibieron un acuerdo escrito, o pacto, que decía así:

> En el nombre de Dios, Amén. Nosotros, cuyos nombres están suscritos, súbditos leales de nuestro

temible soberano rey James... habiendo emprendido, por la gloria de Dios y el avance de la fe cristiana y el honor de nuestro rey y país, un viaje para plantar la primera colonia en las partes septentrionales de Virginia, estando cada uno de los presentes, solemne y mutuamente en la presencia de Dios y de los otros, hacemos pacto y nos comprometemos juntamente a formar un cuerpo civil y político; para nuestra mejor ordenación, preservación y promoción de los fines mencionados; y en virtud de este documento, aprobamos, constituimos y elaboramos tales leyes, ordenanzas, decretos, estatutos y mandatos justos e igualitarios, de vez en cuando, cuando se considere más conveniente para el bien general de la colonia: para lo cual prometemos la debida sumisión y obediencia. En fe de lo cual, suscribimos a continuación nuestros nombres en el cabo Cod.

Mientras tanto, el *Mayflower* navegaba hacia el norte a buen ritmo. A la caída de la noche la nave se encontraba frente al extremo del cabo Cod. Como era demasiado peligroso acercarse a la costa por la noche, el capitán Jones ordenó detener el barco y esperar al amanecer antes de abordar.

El sol salió cinco minutos antes que la campana del *Mayflower* diera las 7:00 en la mañana del 11 de noviembre de 1620. Los hombres que se sentían bien se reunieron en la cabina grande de la cubierta principal, donde el texto del pacto estaba pulcramente escrito en una gran hoja de pergamino. John Carver fue el primero en firmar el documento. Viajaba con su esposa y cinco criados. Durante la travesía, había adoptado a Jasper More, uno de los cuatro niños More exiliados de Inglaterra por su padre. John pasó luego la pluma a William. Uno por uno, los hombres salieron al frente. Tanto los separatistas como los extraños añadieron sus nombres al pacto. Los que no podían firmar marcaron una X. Entre todos, cuarenta y un hombres firmaron el Pacto del Mayflower. Varios hombres se encontraban demasiado enfermos y no pudieron estar presentes. John Alden, tonelero del *Mayflower*, también firmó el pacto. Él había solicitado a los líderes si podía dejar el barco y establecerse en la colonia. El grupo se alegró de que un joven industrioso como John uniera su suerte a la de ellos.

Una vez firmado el Pacto del Mayflower, la siguiente decisión consistió en elegir un gobernador para la colonia. Christopher Martin había sido gobernador del *Mayflower*, nombrado por los Comerciantes aventureros. Hasta entonces se había entendido que su autoridad se extendería a la nueva colonia. Pero una vez firmado el pacto, los hombres se habían entregado a sí mismos el poder de guiar sus propios destinos. Nadie quería que Christopher Martin siguiera siendo gobernador sobre ellos ni un solo día más. Los extraños y los separatistas acordaron que el hombre más apto para cubrir ese puesto era John Carver. Habían alcanzado un acuerdo y tenían gobernador. Había llegado la hora de ver su nuevo hogar.

Cuando William volvió a salir a cubierta, el *Mayflower* había superado el extremo del cabo Cod y estaba tranquilamente anclado en lugar seguro. William miró en derredor y contempló una hermosa escena, que esperaba recordar para siempre. Era un claro día, el mar tenía un color gris metálico, con algunas nubes y una pincelada de otoño en el aire.

En la orilla, William vio arena, árboles y manadas de patos y gansos.

Una vez que atracaron, los colonos estaban ansiosos por pisar tierra, pero temían a los indígenas, o las bestias que pudieran andar al acecho en los bosques cercanos a la playa.

Llegó el momento de sacar la chalupa de diez metros de eslora de la cubierta inferior. La chalupa estaba descompuesta en cuatro partes para almacenarla más fácilmente. Los colonos esperaban ensamblarla rápidamente y usarla para transportarles a tierra. Pero cuando el carpintero del barco la examinó, informó a los hombres que había sufrido golpes al cruzar el Atlántico. Tardarían días, o tal vez semanas, en repararla y ensamblar las cuatro partes.

El grupo optó entonces por el bote del *Mayflower*, que tenía capacidad para dieciséis hombres. Cada hombre que se acercara a la playa debía llevar una armadura ligera que incluía una coraza metálica, con yelmo en la cabeza, cuchillo en la cintura y mosquete. Muchos hombres llevaban mosquetes con mecha que se prendían con una cerilla para encender la pólvora del arma. Myles Standish llevaba un fusil más moderno que aprovechaba la chispa de un pequeño martillo que golpeaba el pedernal para encender la pólvora. William tuvo que admitir que la armadura y el yelmo no eran especialmente cómodos, aunque sí necesarios para proteger a los hombres.

El grupo partió en el bote en torno al mediodía. Cuando llegaron a tierra vadearon hasta la orilla portando sus mosquetes sobre sus cabezas. Cuando William Brewster llegó a la playa —uno de los primeros en hacerlo— dejó su mosquete en el suelo y se arrodilló. Los otros hombres hicieron lo propio. «Bendito sea el Dios del cielo que nos ha traído por este océano inmenso y enfurecido», oró William. «Tú nos has librado de penalidades y peligros en el mar y has puesto nuestros pies sobre tierra firme —el lugar adecuado donde vivir—. Por esto te damos las gracias y te bendecimos». Después de pronunciada aquella oración, William Bradford se puso de pie, lo cual no era fácil de hacer con la armadura puesta.

Como la mayoría de los hombres nunca habían disparado con mosquete, Myles Standish mostró cómo apretar la pólvora en el arma, cargar la bola de plomo, encender la mecha y hacer fuego. Después encargó a varios hombres vigilar en la vanguardia y la retaguardia del grupo, mientras el resto de los hombres, con sus armaduras y armas tintineando, empezaron a caminar en fila sobre las dunas. Llegaron en seguida a la primera línea de dunas y hallaron un agujero lleno de árboles. Algunos de ellos, tal que abedules, nogales y acebos, William los reconoció en seguida, mientras que otros le resultaron desconocidos.

Un poco más adelante, el grupo halló un bosquecillo de cedros. Cinco hombres montaron guardia mientras el resto, ayudados de una sierra que llevaban, hicieron turnos para cortar grandes ramas de cedro para llevar al barco.

La excursión tardó menos de tres horas. Cuando el sol comenzaba a declinar, los hombres transportaron las vigas de cedro hasta el bote, las cargaron y remaron hasta el Mayflower. Esa noche los colonos hicieron un fuego en el arenero de cubierta. Mientras el humo del cedro se arremolinaba y saltaban chispas al aire fresco de la noche, William se preguntó cuánto tardarían en asentarse en esta nueva tierra. Y en particular, cuándo podrían pedir que les fuera enviado su hijito John.

El día siguiente era domingo. Aunque los colonos tenían muchas cosas importantes que hacer, los separatistas dedicaron el día a orar y leer juntos la Biblia. Por primera vez desde que zarparan de Inglaterra, los extraños no pusieron objeciones. Quizás, esperaba William, el Pacto del Mayflower les ligara y vinculara como grupo.

El lunes 15 de noviembre de 1620, todo el que se sintió bien quiso bajar a tierra. Montones de ropa sucia y de sábanas fueron transportados en primer lugar, seguidos de mujeres y niños. No tardaron en encontrar una laguna de agua dulce, donde las mujeres se pusieron a restregar la ropa mientras los niños corrían por la playa. William oyó sus risas mientras él y otros quince hombres partían en una segunda expedición nocturna. Una vez más Myles Standish estuvo encargado, y una vez más los hombres llevaron puestos los yelmos y la armadura.

Como a un kilómetro y medio de la playa, William divisó a un grupo de hombres y un perro. Al principio se imaginó que podían ser otros que habrían descendido del barco. Pero se dio cuenta que eran indígenas. Los blancos avanzaron frenados por su armadura, mientras que los indígenas desaparecieron en los bosques cercanos a la playa.

—Denles caza —instó Myles mientras los suyos se daban prisa—. En pocos minutos William jadeaba. Él, como los otros, había estado tan apretado en el *Mayflower* tanto tiempo que no podía correr sin resoplar. Los hombres siguieron caminando, echando un vistazo de vez en cuando a la senda de los indígenas. Se dirigieron tierra adentro hasta que acabaron por el lado del océano Atlántico del cabo Cod. Tenían frío, estaban exhaustos y montaron un campamento vigilado en la playa para pasar la noche.

William durmió sorprendentemente bien. Era la primera noche después de meses que dormía en tierra firme sin el balanceo del *Mayflower* debajo. Los hombres se levantaron temprano, dispuestos a retomar la senda de los indígenas, con quienes esperaban hablar. En cambio, hallaron varios montones de arena. Uno de los hombres excavó y destapó un arco y algunas flechas podridas.

—Esto debe ser un cementerio indígena —dijo Edward Winslow acercándose—. Debemos dejarlo todo como estaba y cubrirlo. Si los indígenas nos observan, no queremos que piensen que somos ladrones de tumbas —William y los demás asintieron. El arco y las flechas fueron devueltos a la tumba, y los hombres la cubrieron.

No mucho más adelante, descubrieron varias parcelas despejadas. Este era un signo alentador, ya que probablemente significaba que habían sido tierras de labor. Se encontraron un pedazo de madera con marcas de sierra y una tetera de barco. William entendió en seguida que por aquel terreno habían pasado otros europeos antes que ellos. Mirando en derredor se preguntó ¿qué tal les habría ido?

Un poco después se encontraron otro montón. William vio que todavía se notaban huellas recientes. Aunque se habían dado prisa en cubrir la tumba y alejarse de ella, el grupo sintió curiosidad por examinar este otro montón. Después de poner vigías, los hombres, entre ellos William, su turnaron para excavar. Poco después encontraron varias cestas hermosamente tejidas con espigas multicolores de maíz. Aquello no era una tumba sino un montón de almacenamiento de semilla de maíz.

William percibió inmediatamente el valor del maíz. Aunque ellos habían traído semillas de Inglaterra para sembrar guisantes, trigo y cebada, tenían serias dudas en cuanto a si esas plantas sobrevivirían a este lado del océano Atlántico. Y ahora, tenían delante de ellos por lo menos treinta espigas de maíz que habían crecido y se habían cosechado en América. ¿Qué debían hacer?

Los hombres debatieron el asunto. Llevarse el grano sería robar, pero realmente lo necesitaban. Tal vez Dios lo había puesto en su camino. Al final decidieron llevar el maíz al *Mayflower*. Más adelante, cuando la chalupa fuera reparada, traerían algo del barco para trocar por el maíz. Por ahora, resolvieron llamar a aquel lugar Colina del Maíz.

Los hombres pasaron otra noche acampados al aire libre. En esta ocasión, como llovía, usaron troncos de árboles y ramas para protegerse del tiempo. William y el resto de los hombres pasaron una noche incómoda, acurrucados para intentar no mojarse. Al día siguiente emprendieron la marcha para cruzar al lado de la bahía del cabo Cod. En esta parte de su expedición, William prestó servicio vigilando la retaguardia. Al abrirse camino entre los árboles, oyó un ruido.

Con el rabillo del ojo vio la caída de un pequeño manantial. Al mismo tiempo, sintió un tirón en la pierna y luego cayó de espaldas. De repente colgaba boca abajo de su pierna por el extremo de una cuerda. Su yelmo y su mosquete cayeron al suelo.

—Ayuda. Bájenme de aquí —William llamó a los hombres que le precedían. En seguida oyó las pisadas de los que corrían hacia él. Y luego, grandes risotadas.

—Conque ha hallado la trampa y funciona —dijo Myles.

—Podían haberme avisado —replicó William.

—Pensábamos que la vería y la evitaría fácilmente. Pero parece que no lo hizo —dijo Myles con una risita, echando mano a su cuchillo y cortando la cuerda en torno a la pierna de William, con lo que se precipitó en el suelo dándose un porrazo.

Después de levantarse y ponerse el yelmo, William miró la cuerda que le había oprimido el tobillo, el manantial que brotaba y las bellotas esparcidas y se preguntó en qué trampa había caído.

—El señor Hopkins, que pasó algún tiempo en Jamestown, nos la mostró al pasar por aquí y ninguno caímos en ella—dijo Myles, sonriendo aún—. Él asegura que es una trampa para venados preparada por los indígenas. Y muy ingeniosa, por cierto. Fíjense en la calidad de la soga que le lanzó por el aire. Es tan buena como la mejor que haya visto en Europa.

William la analizó detenidamente. Era verdad. La cuerda había sido excelentemente trenzada y era bastante fuerte. Se preguntó qué otras cosas serían capaces de hacer los indígenas.

Después que el grupo alcanzara el lado de la bahía del cabo, volvieron al *Mayflower*, donde todos ansiaban escuchar relatos de lo que habían visto.

La historia de William al caer en una trampa de venados también fue contada, y William acabó riéndose de su desgracia tan alto como el que más. Era una buena sensación tener algo de que reírse, aunque fuera a sus expensas.

Los hombres emprendieron más excursiones exploratorias, pero sin aventurarse a alejarse por la costa con el bote. Sin embargo, gracias a los viajes que emprendieron, decidieron que la zona no era adecuada para establecer una colonia. El suelo era demasiado arenoso, y no había fuentes de agua potable, y ni siquiera un buen lugar para levantar un fuerte, si era necesario. Tenían que esperar hasta que la chalupa estuviera reparada para navegar más lejos y explorar.

El 27 de noviembre, la chalupa estuvo lista. Hizo falta mucho más tiempo del que todos creían para repararla y ensamblarla. Por esas fechas, la cubierta inferior del *Mayflower* parecía un hospital. Los pasajeros se hallaban en peores condiciones que dieciséis días antes, cuando tocaron tierra. El escorbuto, causado por una deficiente nutrición, afectaba a muchos de ellos, la disentería seguía siendo un problema y muchos de los hombres que habían bajado a la orilla de expedición contrajeron resfriados que se agravaron en neumonías.

Aunque el capitán Jones era un hombre honorable y prometió no zarpar hasta que los colonos estuvieran bien asentados, muchos miembros de la tripulación dejaron claro que estaban deseosos de regresar a Inglaterra antes que los suministros de cerveza y alimentos se agotaran. William era consciente de quea los separatistas, los extraños y la tripulación del *Mayflower* se les estaba agotando el tiempo. Era imprescindible encontrar algún lugar en el que establecerse y pronto.

Capítulo 7

Al otro lado de la bahía

El martes 28 de noviembre de 1620 al amanecer la nieve cubría el *Mayflower* y carámbanos[1] de hielo colgaban de los aparejos. No hacía buen tiempo para explorar, pero William sabía que no tenían otra opción. Necesitaban encontrar un lugar idóneo para plantar una colonia.

William se desplazó con cautela por la helada cubierta y descendió a la chalupa por la escala de cuerda. Estaba agradecido por el capitán Jones, por conducir el grupo. Aunque no estaba obligado a ayudar a los pasajeros, anhelaba como el que más encontrar un lugar donde éstos pudieran asentarse.

Veinticuatro plantadores, en condiciones para la aventura, y diez marineros del *Mayflower* se sentaron codo con codo en la chalupa y remaron bajo la vela a lo largo de la costa. Esta vez no hubo bromas

---

1   Carámbanos: Pedazos de hielo más o menos largos y puntiagudos.

ni conversación. Cada gramo de energía se dedicaba a impulsar la chalupa. Después de luchar varias horas contra el viento, los hombres finalmente hallaron cobijo en una pequeña cala en el extremo oriental del cabo Cod. Fondearon en la cala para escapar al desagradable temporal. Cuando cayó la noche, un frío gélido descendió sobre ellos. La ropa de William estaba empapada y sus dientes castañeteaban. Ni en sus peores pesadillas se había imaginado que América pudiera ser tan fría.

Al día siguiente el viento se había calmado lo suficiente como para navegar hacia el sur en busca de un puerto natural. Hallaron uno y lo llamaron Puerto Frío, ya que muchos miembros del grupo tiritaban entumecidos. Algunos hombres se quedaron en la chalupa mientras otros —el propio William— se bajaron y marcharon a lo largo de un arroyo que desembocaba en el puerto. Ocho kilómetros más adelante, completamente congelados, pensaron que era un buen lugar, era poco profundo, para dejar el bote. Los hombres instalaron el campamento para pasar la noche y asaron seis patos y tres gansos que cazaron cuando sobrevolaban por allí. Con el estómago lleno, Myles puso varios centinelas. El resto se tumbó con los pies cerca del fuego para secarse los pies.

Quince centímetros de nieve cayeron por la noche. Los hombres se dispusieron a partir de Puerto Frío al día siguiente. Se dirigieron hacia la Colina del Maíz, esperando encontrar más grano. El terreno estaba helado; los hombres tuvieron que abrirlo con sus alfanjes[2]. Fueron recompensados con diez fanegas de maíz y un saco de fríjoles. El capitán Jones se

---

2   Alfanjes: Especie de sable, corto y corvo, con filo solamente por un lado, y por los dos en la punta.

ofreció para transportar el grano y los hombres más indispuestos al *Mayflower* y regresar al día siguiente con la chalupa para recoger al resto.

William y otros diecisiete hombres siguieron caminando bajo la dirección de Myles Standish. Escrutaron intensamente la presencia de indígenas, pero no vieron ninguno. Retrocedieron hasta cerca de donde habían encontrado el cementerio indígena. No lejos de allí vieron un trozo de terreno con nieve derretida, donde había tres tablones de madera. William examinó los tablones y vio que estaban tallados y pintados originalmente en colores vivos. ¿Qué había debajo de los tablones? Los hombres sintieron curiosidad. Los levantaron y excavaron. Como a treinta centímetros de la superficie encontraron una alfombrilla enrollada sobre dos fardos. Abrieron primero el más grande. Contenía huesos cubiertos en un polvo rojizo. Uno de los hombres sacó la alfombrilla y hurgó entre los huesos con su alfanje. Todos vieron al mismo tiempo el cráneo —un cráneo humano que todavía tenía pelo; pelo rubio y carne—. Era la tumba de un europeo. Los hombres siguieron buscando y hallaron una bolsa de lona de marinero que contenía una aguja de coser y un cuchillo. Abrieron el fardo más pequeño y contenía el esqueleto de un niño. El cráneo no tenía pelo.

William observó los dos esqueletos en silencio y se preguntó quiénes serían. El hombre podría haber sido un superviviente de un barco francés que uno de los tripulantes del *Mayflower* aseguraba que había naufragado en aguas del cabo Cod hacía cinco años. Pero ¿qué acerca del niño? ¿Eran familia? Y ¿cómo acabaron en la misma tumba? Los hombres no supieron responder a estas preguntas, ni a la que William prefería no hacerse: ¿cómo habían muerto?

Un poco más allá de las tumbas los hombres encontraron un grupo de chozas indígenas en un claro. Era obvio que sus habitantes habían salido precipitadamente. Los fuegos todavía ardían en los habitáculos redondos, abovedados, en los que se había asado pescado fresco y carne de ciervo. Había rescoldo de fuego en el centro de las chozas y pieles de ciervo extendidas sobre camastros en derredor. William prestó especial atención a la estructura de las chozas. Estaban hechas de troncos de arbolitos de cedro rojo amarrados en forma de bóveda, cubiertos de corteza de abedul. La parte superior de la bóveda tenía un agujero cuadrado para dejar salir el humo. William se maravilló de lo bien que aquellas estructuras protegían del frío cortante.

Después de servirse parte de los asados, los hombres se dirigieron hacia la bahía del cabo Cod para encontrarse con el capitán Jones y la chalupa.

Una vez a bordo del *Mayflower*, los hombres se reunieron para debatir sus opciones. Pronto decidieron que lo que habían visto en el cabo Cod no era ideal. ¿Quién sabía si las fuentes de agua dulce no se secarían en el verano? Robert Coppin, uno de los pilotos del barco que había estado anteriormente en la zona, creía recordar que había un puerto adecuado y tierra enfrente de la bahía. Decía que lo habían llamado puerto de los Ladrones, porque un indígena había robado un arpón de su barco mientras estaba allí fondeado. El piloto estaba seguro de que podía guiar a los hombres hasta dicho puerto.

Mientras tanto, Susanna White, quien estaba a bordo del *Mayflower* con su esposo William y su hijo de cinco años, dio a luz a un niño, a quien pusieron por nombre Peregrino. William pensó que aquel nombre era muy oportuno.

Tristemente, la celebración del nacimiento de Peregrino quedó pronto eclipsada por los fallecimientos del niño sirviente de la familia White y del niño de seis años Jasper More. Ese mismo día, todos los que estaban a bordo del barco casi perdieron la vida. Francis Billington, de catorce años, miembro de una familia de los extraños, disparó un mosquete en la parte trasera de la cubierta inferior, cerca del cuarto de armas donde se almacenaba la pólvora de los cañones. En ese momento había junto a él un barril de pólvora abierto. Las chispas del mosquete iniciaron un fuego en la cubierta inferior. Afortunadamente, varios hombres lograron apagarlo antes de que explotara la pólvora.

El 6 de diciembre, diez hombres se encontraban con fuerzas para emprender un nuevo intento de búsqueda del lugar idóneo para plantar una colonia. Los colonos decidieron que si no podían encontrar lugar más adecuado, se asentarían en la Colina del Maíz del cabo Cod. William participó en la expedición.

Los hombres partieron de la desembocadura del río que habían explorado previamente y recorrieron la costa. Según Rober Coppin, la bahía del cabo Cod tenía forma de U y unos cuarenta kilómetros de anchura. El grupo trató de mantenerse cerca de la costa mientras marchaba. Habían planeado ausentarse por una semana. Cuando saltaron a la chalupa, William no creía que pudiera hacer más frío que en la última aventura vivida, pero se equivocó. Tan pronto como la espuma del mar tocaba su abrigo, se congelaba formando un esmalte brillante.

Los hombres navegaron hacia el sur, a lo largo de la costa, hasta que el sol empezó a ponerse. Eran como las 4 de la tarde. Cuando se acercaban a la playa divisaron un grupo de unos doce indígenas acurrucados en torno a un bulto negro en la arena. Cuando los indígenas vieron la chalupa, corrieron hacia los árboles. La chalupa tocó tierra y los hombres hicieron en seguida un cobertizo de vigas y ramas de pino. Como de costumbre, apostaron centinelas y se dispusieron a pasar la noche. William apenas pudo dormir. Era inquietante tener presente que los indígenas estaban tan cerca, y su cuerpo entumecido de frío.

A la mañana siguiente salió un sol acuoso por el horizonte. William estaba listo para reanudar la marcha. Esta vez los hombres decidieron continuar a pie por la playa, con sólo unos pocos siguiéndoles desde el bote. Pronto llegaron al bulto oscuro que habían visto el anochecer anterior. Era una ballena de cuatro metros y medio que había quedado varada. Los indígenas se encontraban troceándola cuando fueron sorprendidos.

Los hombres del *Mayflower* se adentraron en el bosque e intentaron averiguar hacia dónde habían ido los indígenas. Hallaron otro cementerio, pero no mucho más. Los días eran cortos, y luego de marchar por la playa cinco o seis kilómetros llegaba en seguida la hora de volver a montar el campamento. Una vez más construyeron una barricada de vigas y ramas y pusieron centinelas.

En medio de la noche oscura, William oyó aullidos. La mayor parte de los hombres se despertaron y también los oyeron. «No se preocupen, sólo son lobos», decía Robert. «Los he oído antes en el

Nuevo Mundo». Los otros marineros no estaban tan seguros e hicieron dos disparos de mosquete por si acaso.

Al día siguiente, los hombres se levantaron temprano y después de cargar la mayor parte del equipo en la chalupa oyeron alaridos desgarradores, similares a los que habían oído por la noche creyendo que eran lobos. De súbito, uno de los centinelas saltó sobre la barricada, seguido de una lluvia de flechas. ¡Indígenas! ¡Indígenas!, gritó el centinela saltando la barricada y poniéndose a cubierto.

Myles y varios hombres entraron en acción empuñando sus mosquetes y respondiendo al ataque de unos treinta indígenas.

William también ocupó su lugar en la barricada. Cinco hombres habían guardado sus mosquetes en la chalupa y corrieron hacia ella, evitando la embestida de las flechas. Los indígenas intentaron bloquearles, pero Myles se apresuró blandiendo su alfanje y los rechazó.

Una vez que los hombres recuperaron sus mosquetes, buscaron protección detrás de la chalupa y abrieron fuego. Al principio, el aluvión de flechas siguió cayendo mientras los indígenas avanzaban hacia ellos desde los árboles. Pero ante el fuego de mosquetes, algunos empezaron a retroceder. Un indígena, que parecía ser su jefe, se resguardó detrás de un pino y siguió disparando flechas contra ellos. No se desalentaba, a pesar de las bolas de mosquete que se precipitaban sobre él. Es decir, hasta que Myles apuntó con precisión y le disparó. La bola de plomo golpeó contra la corteza del árbol justo junto a su cabeza, espolvoreando sobre él corteza triturada. Entonces el indígena se dio media vuelta y se adentró en el bosque. Los otros indígenas le siguieron. El ataque había cesado.

William, como los otros hombres, tembló conmocionado después de aquel enfrentamiento. El grupo no perdió tiempo en subirse al bote y empujarlo hacia el mar. Lanzaron la vela y navegaron por la costa en la dirección que Robert decía que llevaba al puerto de los Ladrones. En seguida se desató otra tormenta terrible. La nieve comenzó a caer y dificultar su visibilidad, pero continuaron navegando. De pronto, una ola rompió el timón de popa de la chalupa. El bote giró a merced del viento hasta que dos marineros pudieron meter remos en el agua por la popa y enderezar el rumbo.

Los hombres siguieron navegando. La oscuridad no tardaría en llegar. Trataban de decidir dónde pasar la noche cuando el mástil se quebró en tres partes y la vela cayó al agua. William y varios hombres pincharon los aparejos[3] con sus alfanjes y arrastraron la vela hasta el bote. Era demasiado valiosa como para dejarla perder en el mar. Estaban a un océano de poder reemplazarla. Ya sin vela, los hombres tuvieron que empuñar los remos. Mientras iban remando, Roberto les animaba diciendo que reconocía los acantilados y las onduladas colinas.

De repente, se oyó un bramido, y cayó gran cantidad de espuma. William captó un vistazo de enormes olas que se precipitaban sobre la playa.

—Señor, ten misericordia de nosotros —gritó Robert—. Estoy equivocado porque no he ido antes por este camino al puerto de los Ladrones.

---

3   Aparejos: sirve para llevar el ancla desde la superficie del agua a la serviola, cuando se leva.

—Si son hombres, remen por sus vidas o pereceremos todos —gritó uno de los marineros.

Los hombres remaron aún con más fuerza si cabe. Su esfuerzo tuvo recompensa. Poco a poco la chalupa fue saliendo del palpitante oleaje sobre la playa. Ya había oscurecido. Los hombres remaron hasta llegar a una playa abrigada. Robert echó el ancla sobre aguas poco profundas.

—Con esto basta —dijo—. Pasaremos la noche en la chalupa. Después del ataque de esta mañana, estaremos más seguros en el agua.

Aunque William pensó que Robert tenía razón: estarían más seguros en la chalupa, pero también hacía mucho más frío. John Clark, el otro piloto del *Mayflower*, declaró:

—Amaneceremos congelados.

Hubo un murmullo de asentimiento, entonces varios hombres saltaron del bote y vadearon por el agua detrás de John. Una vez en tierra prendieron un fuego y con eso William se contentó.

—Mejor hacer frente a una flecha en tierra que sufrir este calamitoso frío en el agua —dijo saltando él también de la chalupa y vadeando hasta la orilla. El resto de los hombres le siguieron. Un poco después William estaba junto al fuego absorbiendo su caricia y tibio calor.

Cuando se hizo de día, los hombres cayeron en la cuenta de que habían pasado la noche en una isla. Y como John Clark había sido el primero en poner pie sobre ella, la llamaron isla de Clark. Afortunadamente, la tormenta pasó y el día fue soleado. Los hombres pudieron despojarse de su ropa y su calzado y ponerlos a secar. Decidieron pasar el día descansando. Algunos limpiaron sus mosquetes, otros

se tumbaron en la arena y absorbieron los rayos del
sol, mientras tres miembros de la tripulación corta-
ban un árbol largo y derecho y preparaban un nuevo
mástil para la chalupa.

Aquella noche William se tumbó satisfecho: su
ropa estaba seca y el fuego, bien provisto. Justo
antes de quedarse dormido, recordó que el día siguiente era domingo, 10 de diciembre de 1620. No
sólo era día de descanso, sino también su aniversario. Ese día, hacía siete años, se había casado
con Dorothy en Ámsterdam. ¡Cuán lejana le parecía
esa fecha! William esperaba que lo peor ya hubiera
pasado y que para su próximo aniversario se en-
contraran en su casita junto a un fuego acogedor
y carne seca colgando de las vigas. Tal vez su hijo
John ya habría llegado, junto con el pastor Robinson y los otros de Leiden. William se imaginó que
incluso podrían estar esperando otro bebé en un
año por estas fechas.

Como al día siguiente era domingo, los hombres
volvieron a descansar, escucharon un sermón es-
pontáneo y pidieron a Dios que les guiara hasta un
buen lugar.

Desde la isla de Clark podían ver que estaban en
el borde de una bahía protegida. Tan pronto como
salió el sol el lunes 11 de diciembre, los hombres se
subieron a la chalupa y una vez más reanudaron la
exploración. La bahía estaba casi toda rodeada de
playas arenosas. Dos lenguas de tierra se extendían
a cada lado de la misma, proporcionando fondeade-
ro y resguardo para las embarcaciones. Usando una
guía de plomo, sondearon la profundidad. Las aguas
eran en su mayor parte poco profundas, pero con tal
que una embarcación estuviera fondeada un poco

más adentro, tenían profundidad suficiente para que anclara un barco como el *Mayflower*.

Los hombres salieron a la orilla. Pequeños arroyos corrían al mar desde las ensenadas circundantes. El lugar estaba protegido del fuerte viento, e incluso vieron varias parcelas de tierra en las que los indígenas habían plantado maíz en el pasado, pero ninguna señal de actividad actual en la zona.

Aunque la bahía no era el puerto de los Ladrones hacia el que Robert les había intentado conducir, pues él reconoció que estaba más al norte, los colonos consideraron que no valía la pena seguir buscando. Esta bahía era el mejor lugar que habían visto desde que llegaran al Nuevo Mundo. Era hora de volver a cruzar el cabo Cod hasta el *Mayflower* para contar a los otros lo que habían encontrado.

Capítulo 8

Ciudad de Plymouth

El grupo se dirigió hacia el *Mayflower* el martes 12 de diciembre de 1620. El viento y la marea eran favorables, y la chalupa llegó antes que se hiciera de noche. Cuando William ascendió por la escala de cuerda tendida al costado del barco, notó que la gente se apartaba de la barandilla. Después vio que el rostro de William Brewster tenía un color ceniciento. Entonces su corazón latió con más fuerza. ¿Qué habría sucedido en los cinco días que él había estado fuera?

—Es Dorothy —dijo William Brewster después de ayudarle a subir a cubierta—. Ella está ahora con el Señor.

—¿Qué? ¿Cómo? —tartamudeó William.

—Se resbaló sobre la cubierta helada y cayó por la borda. La tripulación usó un garfio para intentar rescatarla, pero fue demasiado tarde. Se ahogó.

Dorothy vio el Nuevo Mundo, pero no estaba destinada a vivir en él.

William se sentó en la cubierta y apoyó la cabeza en sus manos. Su esposa de veintisiete años y madre de su hijo estaba ausente, ¡muerta! La noticia fue difícil de encajar.

Más tarde, William se enteró de que Dorothy no había sido la única persona fallecida mientras los hombres salieron a explorar. James Chilton, que estaba a bordo con su esposa y su hija menor, cayó enfermo y murió. William intentó asumir esas muertes, pero era espantoso. Desde que fondearan en el cabo Cod, cuatro personas habían fallecido. El grupo no se podía permitir perder ni una sola una persona más.

A la mañana siguiente, el grupo de exploradores presentó sus impresiones de lo que habían visto y dónde pensaban que debían desembarcar y asentarse. Para entonces, muchos de los pasajeros y tripulantes estaban enfermos de modo que el capitán Jones y los miembros sanos de la tripulación tardaron dos días en preparar el *Mayflower* para navegar a través de la bahía desde el cabo Cod hasta el puerto que los hombres habían descubierto.

Caía aguanieve el viernes por la mañana, cuando el capitán Jones dio la orden de levar anclas y desplegar velas. Una ligera brisa soplaba cuando el *Mayflower* dejó atrás el puerto del cabo Cod. William iba de pie en la popa, mirando el agua. Su sueño de un hogar feliz al otro lado de la bahía con Dorothy y su hijo John se perdía con la estela del barco.

Cuando el *Mayflower* alcanzó el otro lado de la bahía, un fuerte viento del noroeste impidió a la nave entrar en el puerto, con lo cual fondeó a dos kilómetros y medio de la costa. El sábado el viento fue favorable, lo que permitió al *Mayflower* entrar en el puerto y anclar. Como el día siguiente era domingo todos se quedaron en el barco.

El lunes 18 de diciembre de 1620, un grupo de hombres, entre ellos William, desembarcaron. Caminaron por la playa, exploraron y hablaron acerca del mejor sitio para levantar un asentamiento que se llamaría Ciudad de Plymouth, en memoria del último puerto en el que habían hecho escala en Inglaterra.

Optaron por una ubicación junto a un arroyo de agua dulce que desembocaba en el puerto. El arroyo proveería un suministro adecuado de agua potable para cubrir sus necesidades. Detrás del lugar escogido había una pequeña colina, la cual llamaron el Monte. En la cima del Monte podrían apostar guardas y, a ser posible, instalar un cañón para defender la comunidad de cualquier ataque por tierra o mar.

Una vez escogida la ubicación de la ciudad de Plymouth, los colonos ansiaban ponerse a trabajar. No obstante, un fuerte viento del noroeste los mantuvo encerrados a bordo por varios días. Para entonces, la situación en la cubierta inferior del *Mayflower* se había convertido en una pesadilla. Casi toda la ropa y las sábanas hedían a causa de repetidos asaltos de vómitos y diarrea. Y debido a su nutrición deficiente proliferó el escorbuto entre los pasajeros. Richard Bitteridge, uno de los solteros a bordo, murió por esas fechas y su cuerpo quedó tendido en cubierta, a la espera del momento propicio para ser enterrado. Pero antes de ser eso posible, un cuerpecito yació junto al cuerpo de Richard —el bebé de Isaac y Mary Allerton, que no sobrevivió a su nacimiento—. William esperaba que cuando los hombres volvieran a desembarcar construyeran rápidamente suficientes refugios para sacar a tierra a todos los pasajeros del barco, donde el aire fuera puro, no fétido ni infecto de enfermedades, como en la cubierta inferior.

El sábado 23 de diciembre, el tiempo había aclarado lo suficiente como para que veinte hombres salieran a la costa. Cargaron palas y hachas en la chalupa, además de los dos cadáveres, y se dirigieron a Plymouth. Una vez que los cuerpos de Richard y el bebé de los Allerton fueran enterrados en tumbas poco profundas, algunos hombres comenzaron a talar árboles y desbrozar arbustos. Mientras trabajaban, William vio el humo de una gran fogata que se elevaba en la distancia. Le recordó que no estaban solos en aquel paraje, ya habitado y tierra de indígenas. Se preguntó cuándo se volverían a cruzar sus caminos.

Esa noche volvieron al *Mayflower* con agua fresca y ramas de enebro para quemar. El día siguiente era domingo, y el grupo se quedó a bordo para observar el día de descanso. Al día siguiente volvieron a la costa para reanudar el trabajo. Aunque era 25 de diciembre, día de Navidad, los separatistas no lo celebraron. Para ellos era una festividad más establecida por la iglesia católica y la anglicana. Aunque había algunos anglicanos a bordo del *Mayflower*, tampoco insistieron en observar el día de Navidad. Había demasiado trabajo que hacer si es que esperaban sobrevivir aquel invierno.

El primer edificio que construyeron los hombres fue una casa comunitaria, una estructura cuadrada de unos seis metros de lado que destinaron a almacenar comida, pólvora y otros suministros. El progreso fue lento. Solo uno de los separatistas tenía habilidad en carpintería. William se sintió especialmente agradecido cuando John Alden, tonelero del barco, de veintiún años, se sumó al proyecto de construcción. En la primera semana de enero, fue terminada la casa común. Luego le fue asignada a cada familia una pequeña parcela de tierra de 10 metros de anchura y 15 de longitud. Las parcelas estaban situadas a ambos lados del sendero que los colonos habían desbrozado desde la orilla del agua hasta la ladera del Monte. Los hombres empezaron entonces a construir cabañas de una sola habitación en las parcelas, para las unidades familiares. En total, diecinueve cabañas serían necesarias para alojar a todos, ya que los solteros y los niños fueron repartidos entre varias familias.

Los hombres usaron el sencillo método de construcción que usaban los granjeros pobres de Inglaterra para construir sus casas. Las cabañas tenían suelo de tierra y cubrían una superficie de seis por seis metros, consistían de un armazón de postes y vigas y un techo de ramas y cañas. Las paredes eran de bardos[1] y barro. Los bardos eran esterillas formadas con varas delgadas y trenzadas, sujetas a los postes. El barro estaba mezclado con arena y paja y se aplicaba a los bardos para que se secara y se endureciera. Cada cabaña tenía un gran hogar de unos tres metros de ancho por uno de profundidad y una pequeña ventana tapada con papel de pergamino impregnado de aceite de linaza. La ventana dejaba entrar algo de luz natural, pero en general, las cabañas eran oscuras por dentro.

Mientras los hombres trabajaban, el número de cabañas necesarias empezó a decrecer. A medida que avanzaba el invierno, familias enteras comenzaron a

---

1   Bardo: Barro, fango. Vallado de leña, cañas o espinos.

morir de escorbuto, neumonía y disentería. Christopher Martin, gobernador del *Mayflower* y representante de los Comerciantes aventureros, murió el 8
de enero de 1621. De hecho, la recién acabada casa
comunitaria, no sólo se usó para el almacenamiento,
sino también como hospital que acogía como mínimo
a seis o siete enfermos. No mucho después, William
fue uno de ellos. A pesar de estar rodeado de enfermedad, William había permanecido relativamente sano
desde que saliera de Inglaterra. No obstante, mientras trabajaba en una de las cabañas, le dio un fuerte dolor y se desmayó. Cuando volvió en sí, estaba
acostado en la casa común junto a otros miembros de
la comunidad. Al ignorar la dolencia que padecía, se
preguntó si le habría llegado su hora y sería el próximo colono en fallecer.

La vida de William pendió de un hilo. Pese a
todo, poco a poco se empezó a recuperar —aunque
no antes de casi perder la vida de otro modo—. Las
chispas que saltaban del hogar[2] prendieron el techo de cañas y ramas de la casa comunitaria. El
techo se quemó y cayeron ramas encendidas en la
habitación sobre los pacientes, los barriles de pólvora y los mosquetes cargados que allí se guarda-
ban. William pensó que el lugar estaba a punto de
explotar, pero la pronta actuación de los hombres
que estaban fuera evitó la tragedia. Ellos consiguie-
ron apagar el incendio rápidamente. William se alegró de estar vivo y de que la casa comunitaria no
hubiera sido completamente destruida. El techo se
quemó, pero no las paredes, y aquél fue prontamente sustituido.

---

2   Hogar: Sitio donde se hace la lumbre en las cocinas, chimeneas,
hornos de fundición.

A medida que mejoraba su estado de salud, William fue saliendo de la casa comunitaria. Sin embargo, muchos otros no pudieron. La situación empeoraba cada día que pasaba. Rose, la esposa de Myles Standish, falleció, seguida de las niñas More, Océano Hopkins, la señora Chilton, la esposa de Christopher Martin y Mary, la esposa de Isaac Allerton. El dar sepultura a los muertos supuso un problema. Además del terreno helado, a William y los otros hombres les preocupaba que los indígenas descubrieran cuán pocas personas quedaban en el asentamiento. Tuvieron que enterrar los cadáveres de sus compañeros en tumbas camufladas, por la noche, a veces dos o tres por vez.

William había estado seguro de que sobrevendrían duras pruebas para los separatistas, pero no tenía idea de que tuvieran que sacrificar tanto en tan poco tiempo. A pesar de todo, se aferró a su fe en Dios.

Más pruebas habrían de llegar. Una lluvia torrencial azotó el asentamiento, disolviendo el barro con que los hombres intentaban impermeabilizar las cabañas. Todo se empapó, y aún más personas murieron. Debido a las inclemencias del tiempo, el capitán Jones decidió dejar el *Mayflower* anclado en el puerto durante el invierno, pero los fallecimientos entre la tripulación ya eran tan frecuentes como entre los pasajeros. El capitán confesó a William que esperaba que algunos marineros siguieran vivos en la primavera para poder zarpar rumbo a Inglaterra.

En todo ese tiempo, la posibilidad de un ataque indígena no se apartaba de la mente de William. Pero la verdad es que los colonos rara vez los vieron. Siempre se veía el humo de fogatas lejanas, pero los indígenas no contactaban con los colonizadores. El capitán Jones informó que había visto a dos indígenas observando el *Mayflower* desde la isla de Clark. Dos semanas después, uno de los colonos estaba cazando cuando doce valientes pasaron cerca de él. Al parecer no le vieron escondido entre las cañas. Una vez que habían pasado, el hombre corrió a dar la voz de alarma. Se lo dijo a dos hombres que estaban talando árboles, los cuales huyeron hacia Plymouth, dejando atrás sus herramientas. No se produjo ningún ataque sobre el asentamiento, pero cuando ambos hombres volvieron al bosque para continuar con su labor, las herramientas habían desaparecido. William quiso saber por qué razón los indígenas les ignoraban. ¿Esperaban el momento oportuno para lanzar un ataque sorpresa sobre el asentamiento o que todos los colonos hubieran muerto para el verano?

Aunque los indígenas no atacaran, los colonos decidieron que lo más prudente sería prepararse por si acaso. Hicieron un rellano en la cima del Monte y el capitán Jones les entregó varios cañones del *Mayflower*. Los cañones fueron llevados a tierra, y los hombres sanos los arrastraron hasta el Monte. Fue un trabajo arduo. Cada cañón pesaba como media tonelada y tuvieron que hacer maniobras para colocarlos en su sitio. Pero una vez colocados, los cañones podían disparar balas de hierro de casi nueve centímetros a una distancia de mil quinientos metros.

El 17 de febrero de 1621, los hombres de la colonia se reunieron para debatir detalles sobre cómo defender el asentamiento en caso de ataque. Myles Standish estaba exponiendo su plan cuando William y varios hombres notaron que había dos indígenas sobre una pequeña loma al lado sur del arroyo, como a cuatrocientos metros de donde ellos estaban. Los colonos y los indígenas se miraron mutuamente por unos instantes y de pronto éstos hicieron señal para que aquellos se acercaran. Myles y Stephen Hopkins se ofrecieron como voluntarios y caminaron en dirección a la pequeña loma. Después de cruzar el arroyo, Myles se desprendió de su mosquete para indicar que iban en son de paz. Los dos colonos se disponían a ascender la loma cuando los indígenas se dieron media vuelta y se alejaron. Resultaba evidente, por el ruido que hacían, que había muchos otros escondidos detrás de la loma. Aquel ruido hizo que William se alegrara de haber emplazado los cañones en el alto, en caso de que los indígenas se decidieran a atacar en vez de marcharse.

Dos semanas después, a principios de marzo, William notó que el viento soplaba del sur y que la temperatura era más templada de lo normal. Oyó una algarabía de cantos de aves en el bosque. El tiempo estaba empezando a cambiar —la primavera se avecinaba—. El frío y riguroso invierno pronto habría pasado y los colonos podrían plantar semillas y cultivar los campos cercanos a Plymouth.

Después de la primera reunión para comentar cuestiones militares, interrumpida por la presencia de los dos indígenas en la cima de la loma, los hombres decidieron volver a reunirse el viernes 16 de marzo. Hacía un día soleado, por lo que el grupo se reunió al aire libre para disfrutar del buen tiempo. Apenas habían iniciado la reunión cuando un indígena llegó a Plymouth y avanzó por la senda entre las cabañas hacia los hombres. Era alto y no parecía tener miedo. Iba completamente desnudo a excepción de una banda de cuero con escasa franja atada a su cintura. Iba armado con un arco y dos flechas. Después de avanzar hasta donde estaban reunidos los hombres, se detuvo y dijo en inglés:

—Bienvenidos, ingleses.

William se llevó una tremenda sorpresa, como también los otros hombres. ¿Quién era este indígena que les hablaba en inglés? Se llamaba Samoset y les explicó que era subjefe de una tribu que vivía más al norte, en la costa de Nueva Inglaterra. Aunque Samoset hablaba un inglés chapurreado, William le escuchó atentamente y logró entender lo que decía. Dijo que durante varios años pescadores ingleses habían visitado la región costera de donde él provenía. Por medio del intercambio y el comercio con aquellos pescadores, había aprendido a hablar su idioma.

Resultó que Samoset también había desarrollado el gusto por la comida y la bebida inglesa. Poco después de llegar al asentamiento, pidió a los colonos una bebida. Los colonos le ofrecieron un jarro lleno. También le sirvieron galletas, queso, pudin, e incluso un pedazo de ánade que acababan de asar. Samoset comió y bebió con placer.

Samoset se quedó toda la tarde conversando con los hombres y respondiendo a sus preguntas lo mejor que podía. William escuchó atentamente cuando Samoset les dijo que las tribus locales indígenas estaban unidas en una confederación que formaba la nación Wampanoag. Los wampanoag eran un grupo fuerte dirigidos por un hombre llamado Massasoit, que era jefe de la tribu pokanoket. Residían a unos sesenta y cinco kilómetros al sudoeste, en la bahía de Narragansett. Samoset también les dijo que el lugar que ellos llamaban Plymouth era conocido por los indígenas como Patuxet y había estado anteriormente habitado por una tribu del mismo nombre. No obstante, todos menos un miembro de la tribu patuxet murieron de una plaga que había devastado la zona cuatro años antes. William comprendió por qué había tierra desbrozada en donde los indígenas habían cultivado anteriormente maíz.

Cuando sobrevino la oscuridad, Samoset se mostró reacio a marcharse y pasó la noche con Stephen Hopkins y su familia en su cabaña. A día siguiente abandonó el asentamiento llevándose un cuchillo, un brazalete y un anillo que los colonos le regalaron. Después de su partida, William trató de organizar la información que Samoset les había facilitado acerca de las tribus indígenas de la región. Esa información era valiosa. Al fin y al cabo, estas tribus eran sus vecinos más próximos.

Dos días después Samoset volvió acompañado de cinco hombres wampanoag. Después de comer con los colonos, los indígenas entretuvieron a sus anfitriones con canciones y danzas. Como gesto de buena voluntad, también les devolvieron las herramientas que se habían echado en falta en el bosque, a principios de febrero. Entonces extendieron algunas pieles de castor para comerciar. Como era domingo, los colonos dijeron a sus huéspedes que no comerciaban en ese día. Pero que si volvían un día o dos después con más pieles, se las comprarían todas. William calculó cuánto podrían valer aquellas pieles en Inglaterra. Quizá esta era una manera de empezar a pagar lo que debían a los Comerciantes aventureros.

Los cinco wampanoag se fueron, pero Samoset se quedó en el asentamiento de Plymouth. Cuatro días después, como sus compañeros no regresaran con más pieles de castor, Samoset fue enviado para ver por qué razón aún no habían vuelto. Al día siguiente, 22 de marzo, Samoset regresó a Plymouth, esta vez acompañado de un indígena llamado Squanto. Ante la perplejidad de los colonos, Squanto hablaba un inglés mucho más fluido que el de Samoset. Dijo que era el único superviviente de la tribu patuxet que anteriormente ocupaba las tierras en la que los colonos se habían establecido.

Squanto les contó que en 1605 había sido secuestrado por un explorador británico y llevado a Inglaterra, donde aprendió a hablar y comprender la lengua y las costumbres inglesas. En 1614 Squanto volvió a cruzar el Atlántico, sirviendo como traductor del capitán John Smith en su expedición para cartografiar las costas de Nueva Inglaterra. Al finalizar la expedición, John Smith le devolvió a su tribu.

Poco después de volver Squanto a su patuxet natal, él y otros veinte indígenas fueron secuestrados por un capitán inglés y llevados a España, donde fueron vendidos como esclavos. Squanto fue comprado por un grupo de frailes españoles que le libertaron en 1616. Después logró llegar a Inglaterra, y a finales de 1619 llegó a Terranova en un barco inglés. De inmediato emprendió viaje hacia el sur en dirección a Patuxet. Iba muy contento, por cuanto pronto volvería a ver a sus familiares y amigos, pero cuando llegó a su aldea, no quedaban más que campos desolados. Todos los patuxet de su aldea habían muerto a causa de una epidemia.

Cuando William oyó el relato de Squanto se quedó perplejo. Este indígena había visto más mundo que él. Squanto había soportado viajes por el Atlántico y conocido costumbres europeas. William se identificó bastante con Squanto, quien, como él, había experimentado la muerte de seres queridos. Los dos hombres, aunque rodeados de otros, se encontraban extrañamente solos en el mundo. William también recibió a Squanto como un instrumento especial enviado por Dios como puente entre los colonos y los indígenas. De este modo, la súbita aparición de Squanto sobrepasó con mucho las expectativas de William.

La aparición de otros dos indios en la cima de la loma, al lado sur del arroyo estaba a punto de ensanchar aún más las esperanzas de William.

Capítulo 9

Coexistencia

—Son Ousamequin y su hermano, Quadequina. A Ousamequin también se le conoce por Massasoit, que significa Gran Jefe —dijo Squanto, explicando quienes eran los dos hombres que estaban en la cima de la loma.

—¿Por qué cree que han venido? —preguntó William.

—Massasoit es el jefe de la tribu pokanoket y presidente de la confederación wampanoag. Tal vez hayan venido para hacer la paz.

William dudaba de esta sugerencia cuando sesenta valientes —más indígenas que toda la población de Plymouth— aparecieron en la cima con Massasoit y su hermano.

—Los wampanoag se componen de restos de muchas tribus. Después de la gran peste, pocos líderes quedaron. Cada tribu debe lealtad a Massasoit, pero no obediencia incondicional —siguió diciendo Squanto.

Los indígenas no se acercaron más que hasta la cima de la loma. William y los otros hombres de la comunidad debatieron qué debían hacer. Quizás lo mejor fuera no hacer nada, o disparar algún cañonazo para asustarles. Squanto sugirió que uno de ellos se acercara a Massasoit y sus hombres. Los colonos aceptaron de inmediato que Edward Winslow fuera a invitar a Massasoit a reunirse con ellos en el asentamiento.

Edward se puso su coraza y su yelmo y se ciñó el alfanje a un costado. Cuando cruzó el arroyo y ascendió la loma, William sintió que todos los habitantes de Plymouth contenían la respiración. ¿Atacarían los indígenas a Edward o le darían la bienvenida? Por lo que William acertaba a ver en la cima, el jefe y su hermano escuchaban lo que Edward les decía. Unos minutos después, Massasoit y varios de sus valientes descendieron la colina hacia Plymouth, mientras Edward acompañaba por detrás a Quadequina.

A medida que Massasoit se iba acercando, William escrutaba al hombre que podía borrar su pequeña comunidad. El jefe caminaba con zancadas seguras y la cabeza alta. Llevaba una tira de cuero en torno a la cintura, y una piel de venado sobre el hombro. Cuando ya estaba cerca, William vio que llevaba una cadena de cuentas de hueso colgando del cuello. Se preguntó si serían huesos humanos o de animal. Los cuerpos de todos los indígenas iban adornados. El rostro de Massasoit era de color rojo y su cuerpo estaba adornado con marcas blancas.

Mientras tanto, varios colonos de Plymouth extendieron una alfombra verde sobre el suelo de tierra de una cabaña sin terminar y pusieron varios cojines para que Massasoit y el gobernador Carver se sentaran. Massasoit fue invitado a entrar en la cabaña. Una vez sentado, John Carver, ataviado con su túnica púrpura de gobernador, salió de su cabaña escoltado por dos residentes de Plymouth, llevando uno una trompeta y el otro un tambor. Los tres hombres se dirigieron a la cabaña donde estaba Massasoit. Después de un saludo de trompeta y un redoble de tambor, entró el gobernador. John Carver se acercó y besó el dorso de la mano de Massasoit. William esperaba que esa señal fuera interpretada como un gesto de buena voluntad. Entonces Massasoit besó la mano del gobernador. Los dos hombres se sentaron sobre cojines y John ofreció a Massasoit una copa de brandy. Haciendo Squanto el servicio de intérprete, el gobernador Carver y Massasoit entablaron conversación. No mucho después, los dos hombres acordaron un sencillo tratado de paz y pacto de asistencia mutua.

William había estado oyendo la deliberación y se alegró de las condiciones del acuerdo alcanzado. Si el tratado era observado por ambas partes, los indígenas y los colonos podrían vivir en paz. Según los términos del acuerdo, los wampanoag y los colonos no se harían daño ni se atacarían unos a otros. Si un indígena rompía la paz, debía ser enviado al asentamiento de Plymouth para ser castigado. Análogamente, si un colono hacía lo mismo, debía ser enviado a los wampanoag para recibir justo castigo. El gobernador prometió que los colonos siempre entrarían en Sowams, aldea de Massasoit desarmados. A cambio, los indígenas que visitaran Plymouth dejarían sus armas fuera del asentamiento. Ambas partes acordaron también acudir en ayuda mutua si una de ellas era atacada por otra tribu o por extraños.

Una vez establecido el acuerdo de paz, Massasoit y su comitiva se fueron de Plymouth. En seguida, Edward Winslow, que había permanecido con el hermano del jefe, volvió desarmado. William era optimista acerca del acuerdo alcanzado con los wampanoag. Los colonos no tenían que temer los ataques de los indígenas. Esto era especialmente importante, ya que se acercaba la primavera. Pronto habría llegado el momento de plantar semillas. La comida seguía estando racionada, más aún por cuanto habían tenido que alimentar a Samoset, Squanto y varios valientes. Pero flotaba en el aire una prometedora esperanza: lo peor quedaba atrás.

Con la llegada de un tiempo más templado descendió el número de personas que fallecían. El invierno se había cobrado un cruel peaje tanto en los separatistas como en los extraños. El *Mayflower* había zarpado de Inglaterra con 102 pasajeros a bordo y sólo quedaban vivos la mitad. De los cincuenta separatistas iniciales en el barco, solo diecinueve —ocho hombres, tres mujeres y ocho niños— seguían vivos. Los miembros de cuatro familias de Leiden estaban enterrados en tumbas camufladas fuera del asentamiento. La familia Brewster era la única de los separatistas que no había sufrido ninguna baja hasta la fecha.

El martes 5 de abril de 1621, William y los colonos que habían sobrevivido el invierno, apostados en la orilla del puerto de Plymouth, vieron levar el ancla del *Mayflower* y desplegar sus velas. La nave empezó a moverse y se dirigió hacia el este. Después de haber estado inmovilizado durante casi cinco meses en América, el barco emprendió su viaje hacia

Inglaterra. A bordo iba una tripulación exigua, ya que habían muerto el cocinero, el contramaestre, el artillero, tres intendentes y más de una docena de marineros. John Alden, el tonelero del barco, no se encontraba a bordo, ni tampoco otros dos marineros del *Mayflower* que habían sido contratados para quedarse un año en el asentamiento y ayudar hasta que más hombres llegaran procedentes de Leiden.

William sabía que, en Inglaterra, los Comerciantes aventureros esperarían que los colonos hubieran cargado el *Mayflower* con pieles, madera y otros artículos valiosos. No obstante, lo único que enviaban eran piedras de la playa de Plymouth usadas como contrapeso. Los colonos estaban demasiado débiles después de intentar afianzarse en una tierra extraña, talando árboles y aserrando tablas, y no habían tenido tiempo suficiente para establecer un sólido intercambio de pieles. Para empezar, apenas tenían cosas que intercambiar por pieles.

El grupo también envió con el capitán Jones un mapa que mostraba exactamente donde se habían establecido y solicitaban que los Comerciantes aventureros les concedieran una patente oficial de las tierras que ahora llamaban su hogar.

Cuando el *Mayflower* se difuminó en el horizonte, William sabía que ese acontecimiento marcaba el fin de una época. Los miembros de la pequeña colonia sabían que la presencia del barco representaba un salvavidas para cruzar el Atlántico y transportarles de vuelta a Inglaterra si era necesario. Pero esa vía de escape había sido extirpada. La comunidad inglesa más cercana en América del Norte estaba a ochocientos kilómetros, en Jamestown, es decir, demasiado lejos para recurrir a una ayuda práctica si

surgía la necesidad. Los cincuenta hombres, mujeres y niños de Plymouth estaban solos, colgados en
el borde de un vasto e inexplorado continente. Por
ahora, parecían haberse granjeado la confianza de
una tribu indígena, pero ¿cuánto duraría esa confianza y cuán fuerte sería ese vínculo?

Como unas tres semanas después de la partida
del *Mayflower*, Squanto declaró que había llegado
la época propicia para plantar el maíz. Se esperaba de la comunidad que todos ayudaran mientras
los colonos seguían las instrucciones de Squanto. El
proceso fue complicado. Squanto les explicó que el
terreno de la zona no era fértil y que la semilla necesitaba ser fertilizada. Los mostró el primer paso:
cómo construir trampas de pescado para capturar
el arenque que abundaba en el arroyo cuando subía
contracorriente para desovar. Una vez atrapados los
arenques, les enseñó a hacer montones de tierra y
a colocar en el centro de cada montón varios arenques y algunas semillas de maíz. El pescado podrido
debía proporcionar abono para sembrar ocho hectáreas de maíz. Squanto también enseñó a la gente a
sembrar fríjoles y calabazas entre los surcos. Estas
plantas crecerían y se enroscarían en las cañas de
maíz, proporcionando sombra para la planta en cre-
cimiento. Los colonos también plantaron dos hectáreas y media de cebada y guisantes.

Mientras los hombres trabajaban haciendo montones con azadas, John Carver se quejó de un terrible dolor de cabeza. William y otros acudieron a
ayudarle y le trasladaron a su cabaña para que des-
cansara. El gobernador de la colonia de Plymouth no
volvió a articular palabra ni levantarse de la cama.
Murió aquel mismo fin de semana.

El funeral del gobernador Carver fue el primero que se celebró abiertamente en Plymouth y al que asistieron todos los vecinos. Los hombres lanzaron una salva de disparos en honor de su gobernador cuando lo enterraron. Una vez concluido el funeral, los ojos de los presentes miraron hacia el futuro. ¿Quién sustituiría a John Carver? El nombre de William salió a la palestra. Él se sorprendió, pues no era el mayor ni el más culto del grupo. Sin embargo, sabía que alguien tenía que dar el paso. Aceptó ser nombrado en tanto en cuanto Isaac Allerton le ayudara como auxiliar. Los hombres votaron al día siguiente, y William Bradford, el niño de Austerfield, natural del sur de Yorkshire, pasó a ser segundo gobernador de la colonia de Plymouth. Tenía treinta y un años.

Una de los primeros cometidos oficiales de William, el 12 de mayo de 1621, fue oficiar una boda. En el invierno murió Elizabeth, esposa de Edward Winslow, como también William, marido de Susanna White. Y los dos sobrevivientes decidieron casarse. Como los separatistas creían que el matrimonio era un asunto legal y no religioso, correspondió a William oficiar el casamiento. La boda fue una celebración de esperanza, por cuanto Edward y Susanna se unieron para ser padres de dos hijos, uno de cinco años, Resolve, y el pequeño Peregrino.

Poco después de la boda, también murió Catherine, la viuda de John Carver. William y muchos miembros de la comunidad creyeron que había muerto de pena después del fallecimiento de su esposo.

Los días de William se consumían tomando decisiones y presidiendo frecuentes disputas. Una de las primeras decisiones de William tuvo que ver con

John Howland, el hombre que había sido rescatado del mar después de caer por la borda en el viaje del *Mayflower* desde Inglaterra. John era el criado de John y Catherine Carver. Pero como los Carver ya estaban muertos, recayó sobre William decidir la suerte de su criado. Al final, William creyó que lo más justo era declarar a John Howland hombre libre y permitirle participar en la titularidad de su antiguo amo en la compañía.

Otros asuntos fueron más contenciosos. John Billington odiaba asumir la parte de trabajo que le correspondía y se metía en peleas con Myles Standish sobre cómo debían hacerse los ejercicios militares. Y los dos criados de Stephen Hopkins, Edward Doty y Edward Leister, entablaron una discusión que acabó en duelo. Ambos resultaron heridos y William mandó que les ataran juntos hasta que resolvieran sus diferencias. No estaba seguro de que lo hiciesen, pero no sabía de qué otra forma castigarles. Azotarlos no era la solución, ya que todos los hombres eran necesarios para ayudar a plantar, atender los cultivos y recoger alimentos.

William esperaba la llegada de otro barco a Plymouth con suministros antes del invierno. Como no podía estar seguro de ello, la colonia necesitaba acumular tanto alimento como fuera posible. Una vez más Squanto prestó un servicio valiosísimo. Enseñó a los hombres a atrapar langostas, recoger almejas y mejillones en las rocas de la costa, capturar anguilas en los arroyos que desembocaban en la bahía, tanteándolas con los pies en el barro, y reconociendo qué bayas y frutas del bosque eran seguras para comer.

Pero los colonos tuvieron problemas con la provisión de alimentos. Los indígenas se mostraban amigables —demasiado amigables—. La aldea wampanoag de Nemasket se encontraba a solo veinticuatro kilómetros al oeste, y la gente de la aldea se acercaba a menudo hasta el asentamiento de Plymouth para ver qué pasaba. Cuando llegaban esperaban ser alimentados y entretenidos. Aunque era bueno mantener relaciones de vecindad, William se dio cuenta de que algo tenía que cambiar antes que los indígenas consumieran las provisiones de la comunidad para el invierno. Pero para resolver el problema había que actuar con delicado equilibrio. William no quería insultar a los indígenas de Nemasket ni que pensaran que no se sentían bien recibidos. Después de consultar con Isaac Allerton y con Edward Winslow, decidió hacer una visita diplomática a Massasoit para pedirle que frenara el flujo constante de visitantes indígenas. Acordaron enviar al jefe una cadena de cobre con instrucciones para todo aquel que quisiera visitar Plymouth como señal de que era mensajero de Massasoit. Otros indígenas no serían recibidos, al menos hasta que los colonos hubieran hecho acopio de suministros alimenticios.

El 2 de julio Edward y Stephen partieron en misión diplomática. Fueron acompañados por Squanto, quien les guiaría hasta Sowams, sesenta y cinco kilómetros al sur oeste, y les serviría de intérprete. Llevaron dos regalos para el jefe: la cadena de cobre y una capa roja inglesa de caza. Todos, William incluido, esperaron ansiosamente que retornaran a salvo.

Mientras tanto, bajo el liderazgo de William, los colonos de Plymouth se mantuvieron ocupados cuidando de sus cultivos, capturando anguilas, arenques y bacalao en los arroyos y la bahía, recolectando

frutos del bosque y cazando aves. La caña iba adqui-
riendo considerable altura, y cada planta daba muchas mazorcas de maíz. Los fríjoles y las calabazas
ya casi estaban listos para la cosecha.

Cinco días después de partir, el 7 de julio, Edward y Stephen a duras penas llegaron al asentamiento. Estaban débiles y hambrientos. William les
vio devorar la comida que se les puso delante. Después de comer, contaron a William que sólo habían
comido un pez desde que salieran de Plymouth. Al
parecer, eso era lo único que Massasoit y los pokanoket de Sowams pudieron compartir con ellos. William se sorprendió. Él se había imaginado que el
jefe siempre tendría abundante reserva de alimentos
a mano. Edward explicó lo que había aprendido. Los
indígenas consideraban la provisión de alimentos de
una manera un poco distinta a los ingleses. En vez
de almacenar cantidades de comida, viajaban de un
lugar a otro para abastecerse de las fuentes de alimentos disponibles y después se trasladaban a otro
lugar cuando la estación cambiaba o se agotaba la
fuente de alimentación. Por el invierno sus provisiones almacenadas eran escasas, pasaban hambre
durante días y estiraban los alimentos que tenían.
William se preguntó si esta era en parte la razón por
la que tantos indígenas de Nemasket gustaban de
venir a Plymouth y probar su comida.

A pesar de regresar hambrientos, Edward y Stephen informaron del éxito de su misión. Massasoit
entendió su difícil situación y aceptó la cadena de
cobre. Prometió entregársela a cualquiera que enviara en asuntos oficiales a la colonia y avisar a los
otros indígenas de la confederación wampanoag que
dejaran de hacer visitas a menos que tuvieran pieles

que quisieran cambiar. Edward y Stephen también contaron que Massasoit había enviado a Squanto a las aldeas wampanoag para comunicarles los nuevos acuerdos con sus vecinos ingleses.

William se alegró cuando oyó que a Squanto se le había encomendado la función de buscar socios comerciales. Cabía esperar que un intenso comercio en pieles de castor se desarrollara, y para cuando el próximo barco llegara de Inglaterra, los colonos contaran con un buen cargamento para enviar en el viaje de regreso y así ayudar a satisfacer sus compromisos financieros con los Comerciantes aventureros.

William también se alegró con otra información relacionada que aportó Edward Winslow. Por el camino de ida y vuelta a Sowams, no fueron amenazados por ningún indígena con quien se cruzaron. Era evidente que Massasoit había sido fiel a su palabra por lo que concernía al tratado de paz que había concertado con los colonos.

Poco después que los dos hombres llegaran sanos y salvos de la visita a Massasoit, otro colono corrió peligro. En esta ocasión fue John Billington hijo, de dieciséis años. William movió la cabeza cuando se enteró de la noticia. El joven se había alejado hacia el sur y no volvió cuando se hizo de noche. Quizás se había perdido o sido capturado. De cualquier modo, William tuvo que decidir qué debía hacer la comunidad al respecto.

Capítulo 10

Celebración

No tenía sentido enviar un equipo para buscar a John Billington hijo. Nadie conocía el terreno lo suficientemente bien como para conducir tal expedición. Cuando Squanto volvió a Plymouth, William le volvió a enviar a Massasoit para preguntarle si había tenido noticia de un muchacho europeo perdido.

Squanto regresó dos semanas después con la noticia de que John estaba en manos de la tribu nauset, en el cabo Cod. William no se alegró al oír esto. Los Billington, una de las familias de los extraños, sólo habían causado problemas a la pequeña colonia. No obstante, William sintió que tenía que hacer todo lo posible por lograr que John regresara a salvo. Esto significó enviar un equipo de rescate para entrevistarse con la tribu de quien los colonos habían robado maíz en el cabo Cod. William se preguntó cuánto rencor podría sentir la tribu hacia ellos.

Después de ofrecerse él mismo como voluntario para realizar la misión, William pidió a otros nueve que le acompañaran. Los hombres, incluidos Squanto y Tokamahamon, un indígena que Massasoit había enviado a Plymouth con Squanto, subieron a la chalupa y zarparon con la esperanza de recuperar a John.

Los hombres siguieron la costa del cabo Cod, pero pronto quedaron a merced de una tormenta y se vieron obligados a refugiarse en una bahía que Tokamahamon les dijo que se llamaba Cumaquid. Al abrigo de la bahía vieron a varios indígenas recogiendo langostas. Squanto y Tokamahamon fueron a hablar con ellos y trajeron a Iyanough, jefe de la tribu local, para entrevistarse con los colonos en el bote. El grupo pasó la noche en la aldea de Iyanough y a la mañana siguiente el jefe y varios de sus hombres les acompañaron treinta y cinco kilómetros hacia el este.

Mientras navegaban, William se asombró de los muchos indígenas que se veían en tierra. ¡Y parecían pocos cuando exploraron la región en noviembre y diciembre, después de llegar al cabo Cod! A William le dio un vuelco el corazón cuando Iyanough les condujo a la misma playa en que los indígenas les atacaran en su camino de descubrimiento del puerto de los Ladrones.

William no fue el único que sintió temor cuando la chalupa se acercó a la orilla y una muchedumbre de indígenas empezó a acercarse. Los hombres tomaron sus mosquetes y ordenaron a los indígenas quedarse donde estaban y acercarse al bote de dos en dos. Uno de los primeros en hacerlo fue el hombre cuya semilla de maíz los colonos se habían

llevado. No estaba contento con éstos. Valiéndose
de Squanto como intérprete, William manifestó al
hombre que lamentaban lo que habían hecho y pro-
metían enderezar el asunto proporcionándoles más
maíz. El hombre pareció contentarse con este desenlace. William también se sintió satisfecho. Los colonos no habían tenido intención de robar el grano.
Habían pensado devolverlo con artículos a cambio,
pero no lo hicieron. El asunto parecía zanjado.

Poco después se acercó Aspinet, jefe de la tribu
nauset. Uno de sus hombres tenía a John con él. El
jefe y sus guerreros dejaron sus arcos y flechas en
la orilla, vadearon hasta la chalupa, y entregaron
al muchacho. A cambio, William regaló un cuchillo
a Aspinet. William y el jefe conversaron por media-
ción de Squanto. Y antes de marcharse el grupo, se
declaró la paz entre los colonos de Plymouth y los
nauset.

John superó su prueba ileso. De camino a Plymouth contó que se había alejado del asentamiento
y perdido. Luego vagó por la fragosidad cinco días,
sustentándose de nueces, raíces y bayas hasta que
se topó con una aldea manomet. El jefe de los manomet le entregó a los nauset del cabo Cod. Los nauset
le trataron bien, aunque él se alegraba de haber sido
liberado y de ir camino a casa.

El alivio de recibir a John en buen estado fue
ensombrecido por una noticia inquietante. Durante
su entrevista, Aspinet informó a William que los indígenas narragansett habían capturado a Massasoit
y matado a varios de sus hombres. William sabía
que esto podía suponer un desastre para la colonia
de Plymouth. Los colonos habían acordado que los
enemigos de Massasoit eran también sus enemigos.

¿Significaba esto que había estallado la guerra con los narragansett? Y si así era, ¿habrían éstos lanzado una ofensiva, y atacado la colonia? La mitad de los hombres de Plymouth iban con ellos en la misión de rescate, con lo cual el asentamiento era un blanco fácil y vulnerable. William sabía que lo único que podían hacer por el momento era volver a casa lo antes posible. Pero una vez más, el tiempo atmosférico jugó en su contra, frenó su avance y les forzó a buscar refugio en la costa. Para colmo, se les estaba acabando la provisión de agua potable y la única agua que pudieron encontrar era salobre.

En el primer respiro que dio el tiempo, la chalupa se dirigió a Plymouth tan velozmente como pudo. Todos los hombres llegaron sanos y salvos, aunque sedientos. Afortunadamente todos se sintieron seguros en Plymouth, pero William comprendió que tenía que ir al fondo del asunto de la captura de Massasoit.

El 12 de agosto de 1621, William envió a Squanto y Tokamahamon a indagar. Al día siguiente, Hobbamock, uno de los guerreros de Massasoit, llegó corriendo a Plymouth y solicitó, jadeante, hablar con William. Usando unas pocas palabras en inglés y gesticulando, Hobbamock dijo que Corbitant, jefe menor, intentaba aprovecharse de la situación para ganarse la lealtad de los indígenas de Nemasket. La última vez que Hobbamock había visto a Squanto, uno de los hombres de Corbitant le sujetaba por el cuello con un cuchillo y le amenazaba con matarle por causa de su relación con los colonos de Plymouth. Hobbamock declaró que Squanto ya estaría probablemente muerto.

William convocó urgentemente a Myles Standish, Edward Winslow, Stephen Hopkins, Isaac Allerton y William Brewster. La reunión fue tensa, ya que la decisión a tomar podría determinar el que todos vivieran o murieran. El grupo decidió actuar con decisión. Myles dirigiría un grupo de hombres armados a Nemasket y confrontarían a Corbitant. Los colonos acordaron que Myles le ejecutara si Squanto estaba realmente muerto. El grupo armado, acompañado de Hobbamock, que era un *pniese* —guerrero diestro de resistencia especial—, partió al día siguiente.

William no participó en la incursión. Mientras esperaba ansiosamente en Plymouth noticias de la suerte que había corrido el grupo en Nemasket, prosiguió con la rutina del cultivo de los campos y la construcción de cabañas. Gracias a la habilidad de John Alden, el carpintero, los nuevos chalecitos que se levantaban estaban construidos con planchas o listones de madera. Los edificios eran mucho más resistentes para el tiempo de Nueva Inglaterra que las anteriores estructuras de bardos y barro.

Dos días después, la patrulla armada regresó a Plymouth acompañada de Squanto y Tokamahamon. El grupo venía con dos indígenas heridos.

Después de comer algo, Myles visitó a William para presentarle un informe. Le contó que se habían desviado del sendero como unos cinco kilómetros antes de Nemasket y escondido en el bosque. Después de oscurecer llegaron a la aldea, donde Hobbamock les condujo al *wetu*, o morada indígena en la que se había alojado Corbitant. Rodearon el *wetu* y varios colonos armados irrumpieron en su interior. Con Hobbamock como intérprete, exigieron información del paradero de Corbitant. Dos hombres intentaron huir y recibieron disparos de los colonos en las piernas, estando ya fuera. Ellos eran los dos que fueron llevados a Plymouth. Samuel Fuller, el cirujano autodidacta de la comunidad, les curó las heridas.

Myles informó a William que averiguaron que Corbitant y sus hombres se habían marchado un día antes y nadie sabía dónde estaban. El guerrero de Corbitant no había matado a Squanto, quien fue pronto localizado junto con Tokamahamon. Antes de salir de Nemasket, Myles dijo a los indígenas que no debían escuchar ni apoyar a Corbitant si regresaba. Los colonos estaban en paz con Massasoit y los wampanoag y obligados a entrar en acción contra todo aquel que amenazara el acuerdo. Los residentes de Nemasket temieron al oír esto, y Myles pensó que no volverían a causar más problemas. Eso esperaba William.

Pocas semanas después, William se enteró del efecto de la redada nocturna en Nemasket. Massasoit, quien había sido hecho prisionero por los narragansett, fue liberado y volvió a Sowans. Varios jefes de la región felicitaron al gobernador Bradford. El propio Corbitant envió un mensaje diciendo que quería hacer la paz con los colonos. Después de comprobar que los colonos estaban dispuestos a usar la fuerza para honrar su tratado de paz con Massasoit se instaló la paz entre las tribus indígenas. William se alegró aún más cuando el 13 de septiembre de 1621, nueve jefes tribales llegaron a Plymouth para sellar un tratado con los colonos y profesar lealtad al rey James de Inglaterra.

El martes 18 de septiembre, Myles, acompañado de Squanto y de varios hombres, se subieron a la chalupa y se dirigieron hacia el norte. Iban a entablar amistad con la tribu massachusett y establecer un acuerdo comercial de pieles de castor. William sabía que el próximo barco que llegara a Plymouth con suministros tendría que regresar a Inglaterra con su bodega llena de pieles y planchas de roble para empezar a amortizar la deuda de los colonos con los Comerciantes aventureros. Mandó a varios hombres a aserrar planchas mientras los otros se alejaban con la chalupa.

El grupo volvió a Plymouth con la chalupa cargada de suaves pieles de castor. Myles dijo que los indígenas tenían muchas más que podrían intercambiar con los colonos. Los hombres que regresaron del viaje comercial conversaban sin parar de la excelente bahía y puerto que habían encontrado en el norte. Era un puerto profundo donde barcos de cualquier tamaño podían llegar casi hasta tocar tierra y donde había dos grandes ríos navegables. Donde los ríos convergían en la bahía, había terreno alto, fácilmente defendible. La conversación de los hombres produjo una especie de inquietud en la comunidad. Si hubieran explorado un poco más al norte, las cosas podrían haber sido diferentes. Pero William les dijo que la Providencia les había conducido a Plymouth. Les recordó que era Dios quien asignaba a los hombres «los confines de su habitación». Dios les había conducido a Plymouth; allí se quedarían y disfrutarían de la morada que Él les había escogido.

Mientras tanto, el otoño se iba aproximando. Las hojas de los árboles en derredor de Plymouth adquirieron hermosas tonalidades de rojo, amarillo y naranja. La impresionante exhibición era más intensa que ningún cambio otoñal que William hubiera experimentado en Inglaterra u Holanda. Para esas fechas los colonos ya habían recogido su cosecha.

El maíz había sido abundante, como también los fríjoles y las calabazas. Los puerros y las cebollas también se habían dado bien. Pero la cebada y los guisantes no alcanzaron las expectativas de William. Parte del maíz fue secada y molida, para que las mujeres de la comunidad prepararan con la harina tortas de maíz, de la manera que Squanto decía que hacían los indígenas.

Los colonos habían trabajado esforzadamente durante el invierno, la primavera y el verano precedentes. Muchos hombres habían arriesgado sus vidas para hacer la paz con sus vecinos indígenas. John Billington hijo había sido rescatado, y ni una sola persona de la comunidad había muerto desde que fallecieran en la primavera John y Catherine Carver. Era tiempo de celebración. William se acordó de Leiden, donde, en el mes de octubre, los holandeses se tomaban un día de asueto para celebrar su libertad de los españoles. También se acordó de las festividades de la cosecha que se celebraban en Inglaterra, cuando los aldeanos se congregaban para hacer fiesta, beber y jugar. William decidió conjugar estas dos festividades en el Nuevo Mundo y decretó tres días de celebración. Invitó a Massasoit a unirse al evento y encargó a varios de sus hombres que cazaran patos, gansos y pavos silvestres, que ya volaban hacia el sur en grandes bandadas. Otros hombres fueron enviados a recoger mariscos: bacalao, langostas y mejillones de la bahía.

Toda la comunidad se afanaba haciendo preparativos para la celebración. Por su parte, William estaba encantado de que esto uniera a la gente. Llegado el día de la celebración, a principios de octubre, Massasoit y noventa de sus hombres se presentaron en Plymouth acarreando cinco ciervos recién capturados. Todos los muebles disponibles se sacaron para que la gente pudiera sentarse y la comida servirse. La gente se sentó en taburetes, o en el suelo, alrededor de una gran fogata en la que se asaron ciervos, patos, gansos y pavos en asadores y se sirvieron cazuelas de guisados hervidos al fuego lento. Los niños jugaron y los valientes indígenas demostraron su pericia con sus arcos y flechas. Los hombres de la comunidad hicieron lo propio con sus mosquetes. Cuando el asado estuvo preparado, todos comieron hasta hartarse. Por la noche los indígenas durmieron junto al fuego y los colonos en sus cabañas o chalecitos.

William tuvo que admitir que aquella fue una gran celebración. Un aire de felicidad y contentamiento se instaló sobre Plymouth. Los colonos habían llegado al Nuevo Mundo hacía casi once meses. Las cosas habían sido muy difíciles. Habían sido azotados por la muerte y soportado muchas pruebas y aflicciones, pero sobrevivido. Habían hecho la paz con los indígenas, quienes eran ahora sus aliados. Y se habían plantado ellos mismos en el Nuevo Mundo. Todavía tenían mucho trabajo por hacer para construir y establecer Plymouth, pero al menos tenían provisiones almacenadas para el invierno. Lo más importante para William era creer que estaban en el lugar al que Dios les había guiado. Por todo ello estaba profundamente agradecido.

Cuando acabaron las fiestas y las celebraciones, Massasoit y su comitiva volvieron a Sowams y llegó el momento de preparar el asentamiento para el largo invierno que tenían por delante. William pidió a Dios que en esta ocasión todos sobrevivieran.

Capítulo 11

El reto

¡Bang! Sonó el cañón sobre la cima del Monte un fresco día de otoño de mediados de noviembre. William se encontraba en el campo con otros hombres y corrió hacia el asentamiento. El cañón sólo debía hacer fuego en caso de emergencia.

—Un barco ha llegado a la bocana del puerto de Plymouth —gritó Myles desde el fondo de la colina—. Qué todos los hombres empuñen sus mosquetes.

William corrió a su casa, tomó su arma y se reunió con todos los hombres y niños, con Squanto y Hobbamock. Permanecieron firmes, hombro con hombro, con los mosquetes cargados, listos para disparar. Observaron el pequeño barco, como un tercio del tamaño del *Mayflower*, que entraba en el puerto. William entornó sus ojos bajo el sol. ¿Enarbolaba la nave bandera francesa? Si así era, estaba seguro de que necesitarían sus mosquetes. Los corsarios

franceses no dudarían en saquear una aldea inglesa
débilmente protegida en el Nuevo Mundo.

Todos los ojos estaban puestos en el barco, cuando de repente estalló un vítor de entusiasmo al dis-
cernir la bandera: una cruz roja en un fondo blanco,
la cruz de San Jorge. Era un barco inglés. ¿Era un
barco desviado de su curso, como el *Mayflower*, o
había sido enviado por los Comerciantes aventureros? En este caso —William se preguntó— ¿quién
vendría a bordo? Su corazón se aceleró con la posibilidad de que viajaran su hijo John, el pastor John
Robinson, o incluso un grupo de mujeres jóvenes
casaderas, dispuestas a sustituir a las esposas que
habían fallecido el año anterior. Tuvo que esperar
dos horas para descubrirlo.

El *Fortune* fue fondeado en la bahía de Plymouth.
Después, una chalupa llegó hasta la orilla. Transportaba treinta y seis pasajeros y, ciertamente, había sido enviado por los Comerciantes aventureros.
Una de las primeras en pisar la orilla fue Martha
Ford, que estaba a punto de dar a luz. Martha llegó a
la playa faltando poco para dar a luz un hijo, a quien
llamó John. Iba acompañada por una hija suya de
dos años y un marido enfermo.

Varios encuentros felices se produjeron cuando
llegaron los pasajeros en la chalupa. Jonathan, el
hijo mayor de los Brewster, viajaba a bordo, como
también John, hermano de Edward Winslow. Robert
Cushman y su hijo Thomas de catorce años también
llegaron en el *Fortune*. Pero entre los pasajeros no se
hallaban John Bradford ni John Robinson.

William se llevó una amarga decepción cuando
vio que la mayoría de los pasajeros eran jóvenes y
casi todos de los extraños. Aparte de Martha Ford

y su hija, sólo venía otra mujer. William calculó rápidamente que la colonia estaría ahora compuesta de sesenta y seis hombres y solo dieciséis mujeres, lo cual no era un equilibrio adecuado. Peor aún, los treinta y tres varones extra serían, sin duda, buenos comedores, y no se había enviado provisión de alimentos en el barco.

William no acertaba a comprender aquella situación. ¿Cómo podía Thomas Weston, de los Comerciantes aventureros, enviar treinta y seis personas a Plymouth teniendo un invierno por delante y sin provisiones extra para alimentarlas? William consideró apesadumbrado que duplicar el número de colonos de Plymouth sólo podía significar una cosa: las raciones de comida para el invierno tendrían que reducirse a la mitad. Esto no era algo que él esperara anunciar, pero no veía cómo el actual abastecimiento de maíz y otros alimentos que la comunidad había almacenado con mucho tesón podía durar todo el invierno sin reducir las raciones. E incluso mientras los colonos ayudaban a los pasajeros a bajarse de la chalupa del *Fortune*, William vio que muchos de ellos miraban con recelo a los recién llegados. Sabía que a ellos también les preocupaba cómo lograrían entenderse.

La primera prueba fue el alojamiento. Plymouth contaba con once cabañas-chalecitos y cuatro edificios comunes. Los treinta y seis pasajeros y el bebé recién nacido del *Fortune*, tendrían que ser distribuidos entre las ya saturadas viviendas. William encargó a cada familia que se llevaran dos varones a vivir con ellas, y que el resto fuera acomodado en la casa común hasta que se construyesen más cabañas.

Aunque a William le resultase difícil de creer, muchos pasajeros ni siquiera habían pensado en traer ropa de abrigo para la cama o cacharros de cocina o cualquier cosa de valor práctico. Solamente había unas cuantas gallinas en el barco. William esperaba que al menos el grupo pudiera abastecerse de algunos huevos.

Esa noche, Robert Cushman entregó una patente de tierra a William. El documento había sido expedido por el Consejo para Nueva Inglaterra, un cuerpo constituido el año anterior. Al igual que la compañía londinense de Virginia, el Concilio para Nueva Inglaterra era responsable de establecer asentamientos en Nueva Inglaterra. La patente especificaba que el Concilio reconocía el convenio del *Mayflower* y que después de siete años cada colono sería recompensado con cuarenta hectáreas de tierra. Esto era una buena noticia para William. Los residentes de Plymouth tenían ahora un derecho legal a las tierras en que se habían establecido.

Robert también entregó a William una carta dirigida al gobernador John Carver, ya fallecido. Cuando leyó la carta la alegría de William por recibir la patente de tierrase trocó en ira. La carta era de Thomas Weston, y expresaba su disgusto porque el *Mayflower* hubiera retornado a Inglaterra vacío y los colonos hubieran tenido el barco fondeado tanto tiempo. Thomas acusaba al gobernador Carver y a los colonos de no haber hecho lo suficiente por garantizar la devolución de su inversión a los Comerciantes aventureros. También fustigaba a John por su debilidad de criterio, alegando que los hombres de la colonia hablaban mucho y actuaban poco. ¿Por qué —preguntaba— no se había asegurado que el *Mayflower* regresara a Inglaterra con su bodega repleta de artículos para su comercialización y obtención de beneficios? Thomas también estaba molesto porque los separatistas no habían firmado la enmienda del contrato con los Comerciantes aventureros que les fuera presentada en Southampton, Inglaterra. Concluía su carta exigiendo que la firmaran ahora. Después amenazaba con retirar su apoyo a la empresa a menos que los colonos mejorasen su rendimiento.

William se puso furioso. Entendía que los Comerciantes aventureros merecían una rentabilidad de su inversión y que los colonos no habían hecho nada por amortizar su deuda. Pero el que Thomas Weston estuviera sentado cómodamente en su casa de Londres y les criticara por todo esto era un ultraje. Thomas no tenía idea de lo que los colonos habían tenido que soportar mientras dedicaban cada gramo de energía a sobrevivir. En cuanto al gobernador John Carver, se había entregado hasta la muerte por la supervivencia de la colonia.

Después que remitió su ira, William se sentó y redactó cautelosamente una carta a Thomas Weston, explicándole cuán poco útil era recibir noticias desalentadoras como aquellas. Comenzó diciendo:

Usted nos culpa por retener el barco en este lugar y enviarlo vacío. Pero estuvo cinco semanas en el cabo Cod, mientras muchos estaban agotados (después de tan largo viaje) y tras soportar muchas dificultades, tuvimos que buscar, en medio del crudo invierno, un lugar donde habitar. Luego pasamos un tiempo muy duro procurándonos refugio para nosotros y nuestros bienes, con cuyo esfuerzo, nuestros brazos y piernas son testigos hasta este día de que no fuimos negligentes. Plugo[1] a Dios visitarnos entonces, con

---

1 Plugo: tercera persona del singular del pretérito simple del verbo placer: agradó a Dios, complació a Dios.

mortandad diaria y con grave enfermedad, tal que los vivos apenas podían enterrar a los muertos; Y los sanos no bastaban en modo alguno para atender a los enfermos. Al final, para ser cruelmente culpados de no cargar el barco con mercancías. Conste que esta actitud nos afecta y nos desanima profundamente.

Una vez que se había desahogado y dicho todo lo que quería decir a Thomas Weston, William se sintió mejor. Sin embargo, a instancias de Robert Cushman, William cumplió una de las exigencias de Thomas y firmó con los separatistas la enmienda del contrato que habían rehusado firmar en Southampton. Para dejar las cosas claras respecto a la colonia, y poder atraer, con suerte, nuevos colonos a Plymouth, William y Edward escribieron un manuscrito detallando los primeros trece meses de historia de la colonia. Por supuesto, como deseaban atraer más colonos, describieron detalladamente las enfermedades y las muertes que casi habían exterminado el asentamiento en los primeros meses. El manuscrito fue enrollado en un gran pergamino y enviado a Inglaterra con el *Fortune* para su publicación. Robert ya había pensado en alguien que tal vez estuviera interesado en publicarlo.

A diferencia del capitán Christopher Jones del *Mayflower*, el capitán del *Fortune* quería zarpar para Inglaterra lo antes posible. Los colonos se apresuraron a cargar el barco con las pieles que habían intercambiado con los indígenas, además de planchas de roble y de sasafrás[2].

---

2   Sasafrás: Árbol americano de la familia de las lauráceas, de unos diez metros de altura, con tronco recio de corteza gorda y rojiza, y copa redondeada, hojas gruesas, partidas en tres lóbulos, verdes por encima y lanuginosas por el envés, flores dioicas, pequeñas, amarillas y en racimos colgantes, fruto en baya rojiza con una sola semilla, y raíces, madera y corteza de olor fuerte aromático.

En total, William y Robert calcularon que el valor del cargamento rondaría las quinientas libras en Inglaterra, la mitad de lo que debían a los Comerciantes aventureros. William ansiaba que llegara el día en que la deuda se hubiera completamente amortizado.

Mientras el barco era cargado, los colonos interrumpieron su trabajo para oficiar dos funerales. El hijo recién nacido de Martha Ford murió muy pronto, como también su marido enfermo. William oró a Dios que aquello no fuera el principio de otro oscuro invierno luctuoso.

El miércoles 12 de diciembre de 1621, el capitán del *Fortune* anunció que zarparía al día siguiente cuando subiera la marea. Robert decidió regresar a Inglaterra con el barco. De ese modo podría entregar el contrato que los hombres habían firmado, junto con la carta de William a Thomas Weston y asegurarse de que el manuscrito caía en buenas manos. Preguntó a William si su hijo de catorce años se podía quedar en Plymouth. William aceptó asumir tal responsabilidad.

Otra importante hoja de papel salió con el *Fortune*: una carta dirigida a Alice Southworth. Uno de los pasajeros que llegó en el *Fortune*, William Wright, era un inglés de la congregación de Leiden. Contó a William que Alice, miembro de la congregación, se había quedado viuda hacía poco y estaba criando sola a dos niños pequeños. William recordaba bien a Alice y empezó a orar por la posibilidad de pedirle que se reuniera con él en Plymouth. Pensó que Dios bendecía la idea, y le escribió una carta pidiéndole venir al Nuevo Mundo para ser su esposa.

Una vez que el *Fortune* se hizo a la mar, William tuvo que hacer frente a la realidad de alimentar, vestir y gobernar a una comunidad que de repente había duplicado su tamaño. Las raciones de comidas fueron recortadas a la mitad, y las sábanas extra que habían traído los primeros colonos fueron compartidas con los recién llegados, o novatos, como se les empezó a llamar. También hubo que hacer nuevos planes para erigir nuevos edificios en Plymouth.

Mientras William se preocupaba de integrar a los novatos en la comunidad y de gestionar las disputas que surgían sobre quién viviría dónde, llegó al asentamiento un mensajero de la tribu narragansett preguntando por Squanto. Como Squanto estaba ausente por esas fechas, el mensajero dejó un bulto que llevaba para serle entregado a su regreso. Era un haz de flechas envueltas en una piel de serpiente cascabel. William y Edward analizaron el bulto y se imaginaron que se trataba de un reto de Canonicus, jefe narragansett, pero aguardaron a que Squanto llegara para cerciorarse.

Squanto movió la cabeza cuando William le mostró lo que había dejado para él el mensajero.

—Canonicus está celoso de que ustedes se hayan aliado con los pokanoket. Son enemigos suyos. Ustedes tienen razón, esto es, ciertamente, un desafío de guerra.

William sabía que necesitaba actuar prontamente y con determinación. Pidió a Myles que trajera un poco de pólvora y balas de mosquete, las colocó en el envoltorio de piel de serpiente y se las dio a Squanto para que las entregara a Canonicus. Si los narragansett querían guerra los colonos no se mostrarían débiles. Se enfrentarían a ellos cara a cara.

Era un buen contraataque, en teoría, pero echando un vistazo a Plymouth, William se consternó de

lo fácil que era para un enemigo invadir el asentamiento. Él había creído que el tratado de paz con
Massasoit inmunizaría el asentamiento del ataque
de los indígenas. Pero ahora veía que no había tenido en cuenta el hecho de que otras tribus más
fuertes que los narragansett, enemigas de Massasoit
y de los pokanoket, podrían atacarles. Dado que la
comunidad contaba con más hombres, era el momento ideal para fortificar Plymouth. Una vez más,
William recurrió a Myles Standish, que había estudiado estrategia militar cuando vivía en Holanda. A
los dos hombres se les ocurrió un plan. Rodearían
completamente el asentamiento y el Monte con una
empalizada de tres metros de altura, que no era sino
un vallado de estacas con extremo afilado, en hilera,
y clavadas en el suelo.

Cuando William y Myles midieron la empalizada,
resultó una longitud total de 820 metros. Construir
tal cerca era una tarea colosal, especialmente por
cuanto se aproximaba el invierno, pero William estaba convencido que era necesaria para preservar la
seguridad de la comunidad. No obstante, antes de
comenzar la obra, era necesario ampliar varias cabañas y hacerlas un poco más cómodas para albergar a un mayor número de personas. Esto se haría
añadiendo puntales en los laterales de las estructuras. El proyecto comenzó de inmediato.

La ampliación de las cabañas comenzó estando
próximo el día de Navidad. William fue consciente
de que hacía justo un año que los colonos se habían
establecido en Plymouth. En ese tiempo se habían
conseguido muchas cosas en circunstancias tre-
mendamente adversas, pero quedaba todavía mucho por hacer. Lo mismo que el año anterior, dado

que los separatistas no celebraban la Navidad, William esperaba que toda la comunidad trabajara ese día, pero las cosas habían cambiado. Los novatos del *Fortune* querían tomarse el día libre. William les instó a seguir trabajando, pero muchos se mostraron inflexibles alegando que era contra su conciencia trabajar en ese día. Al final, William concedió a los extraños el día libre que pedían mientras los separatistas fueron a los bosques a talar árboles.

Cuando los separatistas volvieron al asentamiento a primera hora de la tarde, se encontraron que los extraños estaban de fiesta en la calle, bebiendo jarras de cerveza y jugando al *stoolball* (juego similar al cricket). William se puso furioso. Una cosa era reclamar una fiesta religiosa y otra, bien distinta, pasar el día bebiendo y jugando. Confiscó a los extraños los bates y las bolas y les mandó, una de dos, volver al trabajo o retirarse a sus casas para orar y adorar a Dios tranquilamente aquel día santo. William fue consciente de lo difícil que iba a ser conformar el grupo en una unidad de trabajo conjunto para repeler los ataques del enemigo y seguir edificando su localidad, más aún, convertirla en el remanso religioso que él y los separatistas habían soñado.

Después de concluir la labor de añadir puntales a las cabañas, se comenzó a construir la empalizada a mediados de febrero de 1622. Era una tarea ingente pero necesaria. El trabajo era agotador y William se alegró de que el *Fortune* hubiese traído tantos hombres jóvenes y fuertes. En los bosques cercanos a Plymouth retumbó el ruido de hachas talando árboles. Una vez que caía el árbol había que cortar todas las ramas. Después se cortaba el tronco en trozos de tres metros y medio de largo, con el extremo superior afilado para formar gruesas estacas. Una vez preparadas, eran transportadas por varios hombres a Plymouth. William hubiera deseado disponer de bueyes o caballos para arrastrar las pesadas cargas, pero no era posible.

En Plymouth, otro grupo de hombres trabajaba cavando una zanja de sesenta centímetros de profundidad en torno al perímetro del asentamiento y el Monte. William no tenía claro cuál de las dos tareas era más dura: talar árboles y preparar estacas o cavar zanjas y usar picos para abrir la capa helada del terreno. Las estacas se colocaban derechas en sus agujeros en el fondo de la zanja. Tenían que ser colocadas lo más cerca posible unas de otras, para no dejar grietas por las que se colaran los atacantes ni tampoco las flechas. Luego los hombres echaban tierra en la zanja y la apisonaban fuertemente para que las estacas quedaran derechas y en su sitio.

El tener que sobrevivir con raciones tan reducidas hacía flaquear incluso al más robusto de los hombres, teniendo que soportar aquella carga de trabajo. A veces los hombres estaban tan débiles que se desmayaban. William sintió la mordedura del hambre en su propio estómago y la debilidad resultante. Le hubiera gustado aumentar las raciones de los trabajadores, pero la verdad era que dudaba que las reservas de comida les duraran todo el invierno, incluso repartiendo medias raciones.

Lo único que podía hacer como gobernador era alabar y animar a sus hombres por el gran esfuerzo realizado.

El esfuerzo de los hombres tuvo su recompensa. Para fines de marzo, se completó la empalizada.

Plymouth y el Monte estaban ahora rodeados por un muro defensivo. William tuvo que admitir que no era la empalizada más estética. Brotaba savia de las estacas recién cortadas y se pelaba la corteza, pero dadas las pocas herramientas con que tuvieron que trabajar y la condición física de los hombres, se sintió profundamente agradecido por ella. La empalizada serviría para garantizar la subsistencia de Plymouth. Ya no sería tan fácil para un atacante indígena acabar con la colonia de un plumazo.

Capítulo 12

El hambre era un compañero íntimo

Un día de primavera de 1622, Myles Standish llamó a la puerta del chalecito de los Brewster donde vivía William.

—Creo que tenemos un problema —dijo—. Hobbamock quiere hablar con nosotros en privado.

William arqueó las cejas.

—¿De qué se trata?

—No estoy seguro, pero dice que quiere que los dos escuchemos lo que tiene que decirnos para que juzguemos con mejor criterio.

William salió a la puerta.

—Bueno, oigámosle.

Unos minutos después, los tres hombres atravesaron la nueva empalizada y llegaron a un campo abierto donde nadie pudiera escuchar su conversación.

Mientras Hobbamock hablaba, William se asombraba de lo mucho que habían progresado los indígenas en el aprendizaje de la lengua inglesa después de sus visitas al asentamiento, aunque su acento todavía fuera muy marcado y a veces difícil de entender.

—He oído que los massachusett y los narragansett se han aliado y planean atacar el grupo que ustedes piensan enviar al norte para negociar con pieles. Entonces, habiendo tantos hombres capaces fuera del asentamiento, van a lanzar un ataque contra él.

William se quedó atónito.

—¿Está seguro? —preguntó—. ¿Cómo pueden ellos saber que vamos a enviar un grupo de negociadores?

Hobbamock miró al suelo.

—Hay alguien aquí que les está facilitando información; alguien que quiere crear problemas y desea verles a todos muertos.

—¿Quién? —preguntó William.

—A lo largo del invierno, mientras ustedes han estado levantando esta empalizada, Squanto ha estado conspirando.

—¿Squanto? Eso es imposible —replicó William.

—¿De verdad? —¿Han visto ustedes con cuánta frecuencia sale del asentamiento?

William trató de recordar. Últimamente, Squanto salía y entraba a menudo.

Esa misma noche, William, Myles, William Brewster, Edward e Isaac Allerton, ayudante de William, se reunieron para discutir la situación. Todos acordaron que era imposible saber en quién confiar. ¿Decía Hobbamock la verdad sobre Squanto, o se lo había inventado para que William le expulsara del asentamiento y él ocupara su lugar como indígena más importante de Plymouth? Al final, el grupo decidió actuar como si nada hubiera sucedido y esperar a ver qué ocurría cuando el grupo negociador se dirigiera a contactar con los massachusett.

La chalupa zarpó de Plymouth en su misión comercial en abril. A bordo viajaban Myles Standish y doce hombres de la comunidad, incluidos Squanto y Hobbamock. Nadie le dijo a Squanto que estaba bajo sospecha, ni tampoco vecino alguno del asentamiento, excepto William y su círculo de consejeros, conocían la situación.

Varias horas después que la chalupa se alejara se produjo un alboroto en la puerta del asentamiento. William se dio prisa para ver qué sucedía. Se presentó delante de él un indígena, goteando sangre con una herida en la cabeza. Gritaba:

—Vengo de Nemasket. Los hombres de narragansett y Massasoit vienen a atacarles. Protéjanse. Empuñen sus armas —William reconoció que el hombre era primo de Squanto—. Me golpearon cuando intenté decirles que no hicieran esto —siguió diciendo el indígena— pero escapé para avisarles.

En ese punto, varias personas se habían reunido alrededor de William.

—¿Qué debemos hacer? —preguntó uno de los hombres.

William no estaba seguro. Había algo extraño en aquel hombre. ¿Estaría montando una escena? ¿Había Squanto puesto a su primo en entredicho inmediatamente después de la partida de los trece hombres de la comunidad? Y en este caso, ¿por qué habría hecho tal cosa? ¿Estaban Squanto y Hobbamock implicados en algún tipo de lucha de poder? Era imposible adivinarlo a ciencia cierta.

—Disparen el cañón —ordenó William—. Tenemos que informar a los que están en la empalizada.

Uno de los cañones situados en la cima del Monte abrió fuego, y un gran estruendo retumbó a través de la bahía de Plymouth. Mientras tanto, el resto de los hombres se dieron prisa a cargar sus mosquetes y a ocupar posiciones defensivas, como Myles les había enseñado. Cuando todos los que estaban fuera de la empalizada regresaron, la puerta se cerró a cal y canto, estando también el primo de Squanto dentro del asentamiento.

Cuando se hizo de noche, Myles y el grupo de negociadores llegaron a la verja. William se sorprendió al verlos. Myles aclaró que el viento no les había sido favorable y que la chalupa sólo había podido llegar hasta la entrada de la bahía de Plymouth cuando oyeron el fogonazo del cañón. Dieron la vuelta de inmediato y se las arreglaron para llegar a Plymouth. Poco después, Squanto, su primo y Hobbamock se reunieron en el chalecito de William Brewster, junto con Myles, William y otros consejeros. Era el momento oportuno de ir al fondo del asunto.

El encuentro no fue bien. Hobbamock acusó a Squanto de organizar aquel incidente con su primo para engañar a los colonos haciéndoles creer que Massasoit era enemigo suyo para que atacaran al gran jefe y lo mataran. Luego, según Hobbamock, Squanto proyectaba aprovecharse de la confusión y erigirse él mismo jefe. Parecía absurdo, pero ¿era verdad? La mejor manera de descubrirlo, resolvió William, era enviar a alguien a los pokanoket para ver si ellos realmente proyectaban atacar. La esposa de Hobbamock se ofreció de voluntaria para ir. Partió por la mañana temprano y todos aguardaron ansiosamente su regreso. ¿Les había Massasoit traicionado e iba a atacar o había Squanto jugado una gran partida de ajedrez, moviendo a William y a la gente de Plymouth como peones?

Pasaron casi tres días hasta que la esposa de Hobbamock volviera a Plymouth con sus observaciones. No, Massasoit y sus hombres no proyectaban atacar el asentamiento. Pero el jefe insistió en que le dijera por qué había ido a visitarle. Cuando Massasoit supo que Squanto había intentado movilizar a los colonos contra él se puso furioso. Exigió a la esposa de Hobbamock comunicar a William que le enviara a Squanto para castigarle como merecía.

Para William esto suponía un gran desastre. Estaba seguro de que el castigo que Massasoit quería imponer a Squanto sería una especie de muerte con tortura. Y aunque parecía que Squanto les había traicionado, William no podía soportar que su amigo e intérprete, de quien había llegado a depender, fuera asesinado. Sin embargo, sabía que, según las condiciones del acuerdo de paz con Massasoit, estaba obligado a entregar a Squanto.

William se debatió en un conflicto interno no sabiendo qué decisión tomar. Decidió no hacer nada por el momento y esperar a ver si algo distraía la atención de Massasoit. Pero Massasoit no lo olvidó. Un mes después se presentó en Plymouth. El jefe estaba indignado por la traición de Squanto y exigió a William que se lo entregara. William hizo lo que pudo por pacificar a Massasoit diciéndole que ciertamente Squanto merecía morir por lo que había hecho. Pero también insistió en que la presencia de Squanto en Plymouth era esencial para la supervivencia de la comunidad. Squanto era su principal intérprete, y

William y la comunidad dependían de él. Por esta razón era demasiado importante como para ser ejecutado. Massasoit escuchó pacientemente, pero William tuvo claro que al marcharse repentinamente de Plymouth el jefe no aceptaba tales argumentos. Quería que Squanto fuese ejecutado.

Dos días después de que Massasoit estuviera en Plymouth, envió un mensajero y varios guerreros al asentamiento. Los guerreros llevaban cierta cantidad de pieles de castor de excelente calidad y el mensajero portaba el cuchillo de Massasoit. William sabía que esta era la forma tradicional en que el mensajero hablaba por el jefe. El mensajero explicó que el gran jefe quería que los colonos mataran a Squanto y enviaran su cabeza y sus manos con el mensajero. Las pieles de castor eran el pago de Massasoit por la vida de Squanto. William respondió que no recibiría las pieles como precio por la vida de un hombre, aunque sabía que estaba obligado a hacerlo por el convenio entre los colonos y los wampanoag. ¿Estaba él dispuesto a aceptar que su amistad con Squanto interrumpiera sus ya tensas relaciones con Massasoit? ¿Estaba él dispuesto a poner en peligro el futuro de Plymouth por un hombre —un hombre que parecía haber traicionado tanto a los colonos como a Massasoit?

A pesar del forcejeo con su conciencia, William sabía que debía entregar a Squanto. Estaba a punto de hacerlo cuando se oyó el anuncio de la llegada de un barco a la bocana de la bahía de Plymouth. Al enterarse, William dijo al mensajero de Massasoit que no podía entregar a Squanto hasta que se averiguara la nacionalidad del barco. Podría ser un pirata francés, en cuyo caso Squanto sería necesario para combatir. El mensajero y los guerreros salieron precipitadamente de Plymouth, llevándose consigo las pieles de castor que habían traído.

El barco resultó ser una chalupa. En ella viajaban siete hombres enviados por Thomas Weston. Procedía de un barco pesquero alquilado para transportarles a la otra orilla del Atlántico. Los hombres llevaban varias cartas de Thomas y una de Robert Cushman. William apenas pudo creer las noticias que contenían. Thomas escribió: «Les veo tan retrasados y a sus amigos en Leiden tan fríos que me temo van a tener que sostenerse en sus propias piernas y confiar (como se suele decir) en Dios y en ustedes mismos». Los colonos de Plymouth no podían esperar más apoyo ni suministros de los Comerciantes aventureros. William comprendió que desde que los separatistas abandonaran Inglaterra veinte meses antes, Thomas y los Comerciantes aventureros no habían proporcionado a los colonos apoyo ni provisiones. Lo único que habían hecho los inversores era enviar más colonos sin preparación a Plymouth para agobiar a una comunidad ya sobrecargada. Aunque era desalentador oír la noticia de no esperar recibir más apoyo, William sabía que él y los otros colonos tendrían que buscar por sí mismos la manera de sobrevivir, como habían hecho desde su llegada al Nuevo Mundo.

Thomas continuaba explicando que se había asegurado una patente de tierra en Nueva Inglaterra, donde iba a establecer su propia colonia. Los siete hombres que habían llegado en la chalupa eran la primera tanda de personas que la fundarían. Como tales, no estaban bajo la autoridad de los colonos de Plymouth. Sin embargo, escribía Thomas, él esperaba que los colonos alimentaran y alojaran a los hombres, y a los que llegaran en otros dos barcos, y les proveyesen todo lo necesario mientras procedían a establecer su asentamiento.

William se quedó estupefacto. Los residentes de Plymouth pasaban realmente hambre. Las abundantes manadas de patos y gansos que habían sobrevolado la zona la primavera anterior eran escasas esta primavera y los hombres tenían dificultades para cazarlos. Y aunque la bahía contenía una abundante provisión de pescado, como bacalao, anjova y lubina rayada, la mayor parte de los colonos habían sido agricultores en Inglaterra, no pescadores. No tenían la maña ni el equipo necesario, como redes e hilos resistentes, para pescar grandes cantidades de peces. Las redes que se hacían en Plymouth eran demasiado débiles para soportar el peso del pescado y se rompían cuando intentaban arrastrarlo. Por eso los hombres preferían buscar moluscos en las marismas cercanas a Plymouth cuando bajaba la marea. El maíz se había plantado, pero los tallos apenas brotaban a ras del suelo y faltaban muchos meses para que llegara la cosecha. Mientras tanto, los colonos intentaban sobrevivir con las exiguas provisiones alimenticias que aún les quedaban y con lo que podían encontrar en la bahía y los bosques circundantes. A pesar de todos sus esfuerzos, el hambre era un compañero íntimo.

La carta de Robert Cushman también encerraba una noticia aplastante para William. Antes que el *Fortune* llegara a Inglaterra, la nave fue interceptada por un corsario francés. Los piratas robaron toda la carga que los colonos habían enviado para ayudar a pagar la deuda contraída con los Comerciantes aventureros. El único aspecto positivo de la carta era la noticia de que los piratas franceses, aunque habían despojado el barco de casi todo, ignoraron el manuscrito que William y Edward Winslow habían escrito y que Robert pensaba publicar.

Cuando acabó de leer las cartas, William se las mostró a sus consejeros más íntimos. Los colonos estaban solos y hambrientos. No sabían qué hacer, al menos en ese momento, una vez abandonados por los Comerciantes aventureros.

A pesar de la frágil situación en Plymouth, William halló espacio para los recién llegados y empezó a proveerles raciones de comida, para desazón de algunos miembros de la comunidad.

A fines de junio de 1622, la situación empeoró si cabe. Dos barcos, el *Charity* y el *Swan*, en los que viajaban los sesenta hombres restantes que iban a fundar la nueva comunidad de Thomas Weston, llegaron al puerto de Plymouth. Como esperaba su llegada, William encargó que se construyeran otros refugios para ofrecerles alojamiento provisional. Los primeros siete hombres ya habían explorado y negociado con los indígenas tierras para su colonia en Wessagusset, treinta y cinco kilómetros al norte de Plymouth. Por supuesto, el problema de alimentar a los recién llegados persistió, y la amenaza del hambre era constante. Los recién llegados no estaban contentos con el insuficiente abastecimiento de comida y empezaron a robar en el campo mazorcas de maíz casi maduras.

Poco después de la llegada de los hombres a la nueva colonia, una chalupa llegó a Plymouth con noticias para William. Los hombres que iban en la embarcación dijeron que la temporada de pesca del bacalao estaba en pleno apogeo. Los trescientos o cuatrocientos barcos pesqueros que habían cruzado el Atlántico desde Inglaterra estaban concentrados en la costa de Nueva Inglaterra, más al norte, y se afanaban en la tarea de la pesca. El barco pesquero en que los hombres habían viajado navegaba ahora hacia el norte, desde Virginia, para incorporarse a la pesca del bacalao. El capitán del barco, John Huddleston había escrito una carta al gobernador de Plymouth y pedido a los hombres que la expidiesen.

El capitán Huddleston había escrito en la carta noticias de Jamestown. El 22 de marzo de 1622 los indígenas habían atacado y asesinado a 347 personas, la cuarta parte de la población de Jamestown. El capitán quería que los habitantes de Plymouth estuvieran advertidos para que no les sucediera lo mismo. William se quedó pasmado al leer la noticia. Los indígenas habían masacrado más del triple de la población de Plymouth en un solo ataque. Era un pensamiento sobrecogedor, especialmente por cuanto la relación con Massasoit era tensa a tenor de la situación con Squanto. Quizás más inquietante era aún el rumor que había llegado a Plymouth: que los massachusett y los narragansett planeaban atacar el asentamiento.

Dado el curso de los acontecimientos, William resolvió que necesitaban fortalecer sus fortificaciones en Plymouth. Mandó construir un fuerte en la cima del Monte con vistas al asentamiento. Tenía que ser una estructura de un solo piso de madera de roble sólida con un techo plano sobre el que instalar los cañones. La obra comenzó de inmediato, pero el progreso fue lento porque los hombres estaban debilitados por causa del hambre.

William sabía que tenía que hacer algo acerca del menguante abastecimiento de alimentos. Él y Edward concibieron un plan. Tal vez los barcos que pescaban bacalao más al norte, cerca de la costa, les suministraran el muy necesario alimento. Al fin y al cabo, el capitán Huddleston se había preocupado lo suficiente de los colonos y de su supervivencia como para enviar una carta advirtiéndoles que se anduvieran con cautela ante un posible ataque indígena. Acompañado de varios hombres, Edward se embarcó en la chalupa para ir al encuentro de la flota pesquera.

Mientras los hombres estaban ausentes, los hombres de Thomas Weston salieron de Plymouth y se mudaron a Wessagusset, donde se pusieron a construir su propio fuerte.

Cuando regresaron a Plymouth, Edward y sus hombres se congratularon de notificar que los capitanes de los barcos pesqueros se habían compadecido de su necesidad y abastecido con los alimentos y el pescado que podían compartir. William calculó que los alimentos que había traído Edward les permitirían aumentar la ración diaria en ciento quince gramos por persona y día. Sabía que no era mucho, pero sí lo mejor que podía hacer. William puso un guarda a la puerta del almacén para que nadie irrumpiera y robara comida.

Cuando se cosechó el maíz, William se llevó una decepción. La cosecha era inferior a la del año anterior, demasiado escasa como para poner fin al hambre de la comunidad. William echó la culpa de la situación a dos causas. La primera, que los miembros de la comunidad estaban tan débiles a causa del hambre que no habían tenido energía para cuidar

debidamente de los cultivos como habían hecho el
año anterior. Pero sobre todo, culpó a los hombres
de la colonia Wessagusset que habían robado grano,
sin pensar en los demás ni en el futuro.

Resultó que la situación alimentaria de los hombres de la colonia de Wessagusset era aún más desesperada que la de los residentes de Plymouth. En
consecuencia, en noviembre, Richard Greene, líder
de la colonia Wessagusset y cuñado de Thomas
Weston, se acercó a William con un plan. Aunque
el *Charity* había retornado a Inglaterra después de
desembarcar a los colonos con destino a la nueva colonia de Plymouth, el *Swan*, embarcación de treinta
toneladas, se había quedado para ayudar a la colonia. Richard sugirió que las dos colonias sumaran
esfuerzos. Usando el *Swan*, podían navegar por las
cercanías del cabo Cod, y valiéndose de la experiencia de los colonos de Plymouth, comerciar con varias
tribus indígenas a cambio de comida. William accedió al plan y encargó a Myles dirigir la expedición.
No obstante, cuando llegó el momento de partir de
Plymouth, Myles cayó enfermo y William decidió ir
en su lugar llevándose consigo a Squanto.

Al alejarse de Plymouth, William pidió a Dios que
les concediera el favor de los indígenas. La situación era sombría. Necesitaban desesperadamente
más alimentos. Navegaron hacia el codo del cabo
Cod, donde se toparon con las mismas peligrosas
corrientes que hicieran girar al *Mayflower*. No obstante, gracias al conocimiento que Squanto tenía de
la zona, pudieron localizar un estrecho y tortuoso
canal que les condujo a una bahía grande, la cual
Squanto les había dicho que se llamaba Manamo-
yick. Allí echaron el ancla.

Al día siguiente, William y Squanto llegaron a la orilla para conversar con los indígenas. Al principio los nativos se mostraron suspicaces y escondieron sus posesiones. William y Squanto creyeron que los indígenas probablemente pensaban que los dos hombres habían llegado para saquear sus wetus o chozas. Sin embargo, en los días siguientes, lograron granjearse su confianza y entablar relaciones amistosas con los manamoyicks. En consecuencia, los colonos pudieron conseguir ocho toneles —equivalentes a ocho barriles grandes— de maíz y frijoles. Bastaban para eludir el hambre, al menos por el momento.

Después de cargar el maíz y los frijoles a bordo del *Swan*, los hombres se prepararon para zarpar, esperando encontrar otra tribu con la que comerciar. Pero antes, Squanto se puso enfermo. La nariz le empezó a sangrar profusamente, y le dio una fiebre muy alta. Como William estaba dispuesto a hacer todo lo posible por cuidar de su amigo, Squanto le pidió que orara por él para que si se moría, pudiera ir al cielo con el Dios de los ingleses. El estado de Squanto empeoró, y dos días después murió. Para William este fue otro duro revés, otra pérdida personal, como la muerte de su esposa Dorothy. Squanto y William habían desarrollado una profunda amistad que no se debilitó, a pesar de la traición y conspiración de Squanto contra Massasoit. Una vez más, William sintió el mordisco de la soledad en el Nuevo Mundo. Estaba seguro que Squanto había sido un regalo de Dios. Sin él, los colonos de Plymouth probablemente no habrían sobrevivido el primer año.

Sin un intérprete, William decidió que el *Swan* debía regresar a Plymouth. Durante la travesía,

William entendió que el asentamiento dependía ahora de Hobbamock como intérprete y guía. Pero aunque el inglés de Hobbamock siguiera mejorando, él nunca había vivido en Inglaterra como Squanto, y no comprendía con la misma profundidad a los ingleses y sus costumbres. Estaban a principios de diciembre, y en menos de un mes estrenarían un nuevo año. William confió y oró a Dios que 1623 fuera un año menos difícil para el cuerpo y para el alma que había sido 1622.

Capítulo 13

«Nunca olvidaré esta bondad»

En febrero de 1623, William recibió una carta de John Sanders, el nuevo líder del asentamiento en Wessagusset, quien asumió el mando cuando murió Richard Greene. La carta explicaba que la situación en Wessagusset era desesperada. Los hombres habían consumido rápidamente todo el maíz y las habas adquiridos en la expedición comercial del *Swan*. Habían llegado a vender su ropa y sus mantas a cambio de comida de los indígenas e incluso les habían robado alimentos. Varios hombres habían muerto de hambre. Como resultado de ello, los colonos de Wessagusset querían lanzar un ataque sobre los indígenas del lugar y capturar su provisión de alimentos. Pero antes de acometer tal ataque, John quería saber qué pensaba William de este plan.

William pensó que era una idea terrible; respondió de inmediato a John y le expuso su punto de vista. Le dijo que tal ataque suscitaría represalias, y no sólo contra los hombres de Wessagusset, sino probablemente, también, contra los colonos de Plymouth. Por el contrario, animó a los hombres a hacer lo que los residentes de Plymouth se habían visto obligados a hacer —buscar a la orilla del mar mejillones y almejas y escarbar raíces comestibles y nueces de tierra, como ellos las llamaban—. William indicó que era posible, aunque no necesariamente agradable, sobrevivir a base de una dieta escueta de alimentos, y confiaba que los colonos de Wessagusset hicieran caso de su consejo.

Un mes más tarde llegó a Plymouth la noticia de que Massasoit estaba enfermo y a punto de morir. La noticia inquietó a William. Aun cuando su relación con Massasoit era tensa debido a su negativa a entregar a Squanto, el jefe seguía siendo su principal aliado. Massasoit había pedido que Edward Winslow fuera a Sowamsa visitarle. William encargó a Edward que fuera de inmediato. Edward recogió prontamente un poco de medicamento y de comida y partió antes del anochecer para ir a visitar al jefe, acompañado de John Hamden y de Hobbamock.

Transcurrió toda una semana hasta que Edward volvió a Plymouth con buenas noticias. Massasoit estaba convaleciendo de su enfermedad. Edward dijo a Williams que cuando él llegó a Sowams, el jefe estaba muy débil: no había comido nada en varios días. Todos los vecinos de la aldea, incluso el curandero, parecían resignarse a una muerte inminente. Pero Edward suministró a Massasoit una dosis de medicamento y le obligó a comer un poco de mermelada. El jefe por fin la tragó, y poco a poco fue recuperando sus fuerzas.

Edward siguió dando a Massasoit pequeñas dosis de medicamento y le preparó sopa de pato con maíz, y el jefe se la tomó. Poco después Massasoit se sintió suficientemente fuerte como para sentarse e ingerir alimentos sólidos. Edward dijo que el jefe le daba las gracias continuamente por haberle devuelto la salud. Y haciendo un guiño, repitió exactamente las palabras de Massasoit: «Ahora veo que los ingleses son mis amigos y me quieren. Mientras viva, nunca olvidaré la amabilidad que han tenido conmigo». William desbordó de euforia. Gracias a Edward, su tensa relación con Massasoit se había restaurado estrechamente.

—Hay una cosa más —dijo Edward—. Como regalo de despedida, Massasoit me dio una noticia inquietante. Los indígenas saben que los hombres de Weston están planeando atacarles, y ellos planean su propio ataque sobre Wessagusset y Plymouth. Nos ven como a uno solo. Massasoit quiere que matemos a los indígenas massachusett antes que ellos acaben con nosotros.

La noticia fue sumamente perturbadora. William sabía que había que hacer algo al respecto. ¿Debían seguir el consejo de Massasoit y matar a los massachusett que conspiraban contra ellos? ¿Tranquilizaría eso las cosas o las complicaría todavía más? William no lo sabía; tampoco quería que la decisión recayera exclusivamente sobre su persona. El 23 de marzo de 1623 convocó una reunión de comunidad en la que reveló la trama de los massachusett de atacarles y preguntó a la comunidad si daban su consentimiento para llevar a cabo un ataque preventivo. Después de debatir el asunto, los residentes de Plymouth creyeron que debía ser él quien tomase la decisión.

William consultó con Myles Standish y ambos concibieron un plan. Myles iría con ocho hombres a Wessagusset. Una vez allí, matarían a los líderes indígenas que habían planeado el ataque, que, según había averiguado Myles, eran dos subjefes, Wituwamat y Pecksuot. Antes de ponerse en marcha, William mandó al grupo que volviera a Plymouth con la cabeza de Wituwamat como recordatorio de la suerte que correrían otros indígenas que pensaran atacar a los colonos ingleses.

Una vez más, William tuvo que esperar, con impaciencia, noticias en Plymouth. Cuando vio la chalupa en la bahía, se apresuró hasta la orilla del agua para recibirles. Una mirada le comunicó lo que deseaba saber. En el fondo de la embarcación había un fardo de lino que contenía la cabeza de Wituwamat. Myles informó que su misión había sido todo un éxito. No sólo habían matado a Wituwamat y Pecksuot, sino también al hermano de aquél, de dieciocho años, y a otro guerrero. Después de eso, se produjo una escaramuza con los guerreros de la tribu massachusett en la que mataron a otros tres indígenas antes que éstos huyeran. Myles estaba seguro de que no habría más problemas con la tribu massachusett. También notificó que los ingleses de Wessagusset habían abandonado su asentamiento. Algunos se habían ido más al norte siguiendo la costa de Nueva Inglaterra, pero muchos decidieron volver a Inglaterra. William se alegró al oír esto. La colonia de Thomas Weston no había causado más que problemas desde el día que sus hombres pisaran la tierra de Plymouth.

Dos semanas después del ataque a los massachusett en Wessagusset, William Bradford se quedó atónito. No podía dar crédito a sus ojos cuando vio a un inglés desaliñado y medio desnudo que había llegado a Plymouth y pedía hablar con él. ¡Aquel hombre era el mismísimo Thomas Weston! William no le había visto desde hacía casi tres años, antes que el *Mayflower* y el *Speedwell* zarparan de Southampton.

Thomas dijo que ya no estaba asociado con los Comerciantes aventureros, y que navegaba cerca de la costa para visitar su colonia de Wessagusset cuando su barco naufragó. Sobrevivió al naufragio y logró llegar hasta la playa, pero fue capturado por los indígenas. Ellos se quedaron con todo lo que había conseguido rescatar del barco, y con casi toda su ropa. Estaba seguro que lo iban a matar, pero se las arregló para escapar. Caminó hacia el sur, y cuando se enteró de que su colonia en Wessagusset había sido abandonada, emprendió camino hacia Plymouth.

William no podía creer que Thomas estuviera en Plymouth solicitando su ayuda. Después de todo, se había enseñoreado de los separatistas, sido grosero y descarado para con ellos y sus creencias. Incluso al otro lado del océano Atlántico había complicado mucho la vida de los colonos negándose a enviarles provisiones. Pero ahora estaba ahí, delante de William, con apenas ropa y sin un penique. Aunque hubiera sido fácil regodearse, William consideró que tenía delante a un compatriota inglés que, independientemente de su conducta anterior, se encontraba en necesidad desesperada. La Biblia afirma que hay que alimentar al hambriento y vestir al desnudo, y William sabía que eso era lo que tenía que hacer.

Una vez que hubo comido y dormido, Thomas pidió a William si le podía prestar algunas pieles de castor que le sirvieran para comerciar. Dijo que un barco con provisiones se hallaba de camino procedente de Inglaterra, y que cuando llegara podrían disponer de cualquier cosa que deseasen entre la carga del barco. William dudó de su palabra. Le había oído prometer muchas cosas que luego no cumplía. A pesar de lo que sentía hacia aquel hombre, William reconoció que Thomas era la persona que había organizado y pagado el viaje de los separatistas de Inglaterra al Nuevo Mundo. Debido a ello, William y varios de sus consejeros decidieron hacerle un préstamo privado de 170 libras en pieles.

Y efectivamente, la devolución de la deuda contraída con William y los líderes de Plymouth no fue más que otra de sus promesas incumplidas. Thomas desapareció del asentamiento, llevándose las pieles y nunca más se le volvió a ver en Plymouth. A William no le sorprendió que tampoco llegara ningún barco con suministros. Había tenido trato suficiente con Thomas como para esperar este resultado. Pero como cristiano, sentía que había sido obediente a Dios ayudando a un hombre en necesidad.

Una vez llegada la primavera, William volcó su atención en la siembra de cultivos. Había escasez de alimentos y debían asegurarse de obtener una buena cosecha ese año. Si no lo lograban, puede que no aguantaran otro invierno. Al acercarse la época de la siembra, William resolvió hacer algunos cambios. El acuerdo que los colonos habían firmado con los Comerciantes aventureros les exigía trabajar por el bien común de la comunidad y no por ellos mismos. Este enfoque presentaba problemas y había generado descontento. Algunos de los solteros no estaban contentos de trabajar para todo el mundo, también para las esposas e hijos de otros. Algunas mujeres se oponían a cocinar y fregar para los solteros. Y, por supuesto, los que atendían esforzadamente los campos y recogían la cosecha recibían la misma ración que los vagos. William lo consultó con sus consejeros y decidieron deshacer el acuerdo con los Comerciantes aventureros. Asignarían una parcela de tierra a cada familia de la comunidad según su tamaño. Los miembros de la familia sembrarían, cuidarían y cultivarían su propio grano y otros cultivos en su terreno.

El cambio fue entusiásticamente recibido por los residentes de Plymouth, quienes se emplearon a fondo en capturar arenque en el arroyo y sembrar su propio maíz, habas y calabazas de la manera que les había enseñado Squanto. Para William fue un motivo de gozo ver por fin hombres, mujeres y niños atendiendo alegremente sus cultivos. Notó que se plantó mucho más grano que el año anterior.

Por supuesto, entre la siembra y la recogida de la cosecha, varios meses después, los colonos necesitaban alimentarse. Como todos los de la colonia, había noches en las que William se acostaba sin saber qué iba a comer al día siguiente, quizás algunas nueces de tierra, tal vez algunos mejillones y almejas rebuscados en la costa. La situación empeoró por el hecho de que los indígenas se mostraron reacios a intercambiar alimentos o pieles con ellos. Hobbamock les dijo que, debido a la matanza en Wessagusset, temían visitar Plymouth para comerciar.

Los residentes de Plymouth siguieron rebuscando alimentos por la costa y en el bosque. De vez en cuando un hombre cazaba un venado cuya carne era compartida por todos. Pero esto no era nunca suficiente como para esquivar el hambre. Y aunque su habilidad en la pesca no era buena, William dividió a los hombres de la comunidad en grupos de seis. Estableció un horario según el cual un grupo tendría que salir en la chalupa a pescar en la bahía, con la instrucción de no volver hasta que hubieran pescado algo. Cuando un grupo volvía, otro grupo salía a pescar de modo que siempre hubiera un grupo pescando. A veces un grupo se quedaba pescando toda la noche porque no había pescado nada en todo el día.

William se alegró cuando vio brotes de maíz aparecer en la tierra. Le pareció que ese año podrían obtener una buena cosecha. No obstante, pronto surgió otro problema. La suave lluvia que normalmente caía en esa época del año no llegó. Todos los días William miraba al cielo preocupado. No se veía ni una sola nube. El cielo estaba azul y claro y el sol calentaba en lo alto. Cada día de sol y de calor que pasaba, los tiernos tallos de maíz se marchitaban y secaban. Para mediados de julio parecía que la cosecha sería destruida por la sequía.

Mirando el campo marchito, William se preguntó si esto era una especie de castigo divino por algo que habían hecho, o tal vez, dejado de hacer. Decidió convocar a toda la comunidad para lo que llamó un «día solemne de humillación», en el que orarían y ayunarían. Toda la comunidad, tanto los separatistas como los extraños, se reunieron en el fuerte del Monte, que también se usaba como salón de reuniones de la comunidad. William mandó cerrar las puertas, y todos se pusieron a orar y pedir a Dios que enviara la lluvia y salvara sus cultivos y les diera abundante cosecha. Ocho horas después, cuando abrieron las puertas, el cielo se encapotó. Al día siguiente, empezó a llover. William elevó una sincera oración de agradecimiento a Dios.

Una lluvia fina siguió cayendo durante dos semanas. Todos veían asombrados que los tallos de maíz que muchos habían dado por muertos revivían. Los tallos recuperaron un color verde brillante y brotó gran abundancia de mazorcas. William sintió gran alivio. Después de todo, se dibujaba una buena cosecha por el horizonte. William se tranquilizó doblemente cuando Myles Standish volvió a Plymouth con provisiones que había podido intercambiar con tribus costeras más alejadas.

A primeros de agosto, William miró a lo ancho de la bahía de Plymouth y vio un barco navegar y echar el ancla. Se trataba del *Anne*, y descubrió en seguida que era el primero de dos barcos enviados por los Comerciantes aventureros. No sólo transportaba el Anne unos sesenta pasajeros, sino que traía en su bodega suministros para la colonia, incluidos varios cerdos y cabras para la cría.

Toda la comunidad de Plymouth se agolpó en la playa cuando la chalupa del *Anne* empezó a trasladar pasajeros a la orilla. William, como los demás separatistas, observó atentamente quién podría venir a bordo procedente de Leiden. Las hijas de los Brewster, Paciencia y Fear, venían a bordo, como también la esposa y cinco hijas de Richard Warren, uno de los extraños. Gritos de alegría resonaron y lágrimas corrieron por las mejillas al reunirse las familias.

William aguardó ansiosamente mientras distintos grupos de pasajeros llegaban a la playa. Esperaba que su hijo John estuviera a bordo, así como el pastor John Robinson. Tal vez, Alice hubiera recibido su carta y estaría en el *Anne*. Tristemente, William averiguó que ni su hijo ni el pastor John Robinson venían en el barco. Mientras intentaba sobreponerse a su gran decepción, vio que se acercaba Alice en la chalupa impulsada a remo. Por un momento sintió timidez. Si ella estaba entre los pasajeros y se había arriesgado a hacer un viaje tan largo, a buen seguro sería porque había venido para ser su esposa. Cuando la chalupa llegó a la orilla, William dio un paso adelante y dio la bienvenida a Alice ayudándola a salir de la embarcación. En efecto, cuando los dos atravesaron las puertas que daban acceso al pueblo de Plymouth, Alice confirmó que ciertamente había venido para casarse con él.

William acompañó a Alice para enseñarle la casa en que vivía el gobernador. Estaba ubicada en el centro, donde se cruzaba la calle central, que iba de la playa al fuerte del Monte con otra calle paralela a la playa. La casa de listones era más grande que la mayoría de las casas, ya que William se reunía allí con sus consejeros para tratar los asuntos relacionados con la marcha de la colonia.

Al día siguiente, William se enteró que muchos de los recién llegados estaban consternados al ver las condiciones de Plymouth. Él suponía que muchos se habían imaginado que el lugar se parecería más a una localidad inglesa, con sólidas casas bien dotadas y abundantes provisiones a mano. Algunas personas le confesaron que lamentaban haber salido de Inglaterra y esperaban poder regresar lo más pronto posible. William no se lo tenía en cuenta. Sabía que debía ser chocante para ellos ver el estado precario de los residentes de la comunidad: débiles y escuálidos. Muchos de ellos iban vestidos con poco menos que harapos.

Diez días después, llegó el segundo barco a Plymouth. Se trataba del *Little James*, una pequeña nave de dos mástiles usada mayormente para el comercio costero en Inglaterra. El *Little James* había sido enviado por los Comerciantes aventureros para que se quedara en Plymouth y sirviera a los colonos como barco pesquero. A William le pareció aquello un poco irónico, ya que los colonos habían demostrado ser pésimos pescadores. El *Little James* transportaba otros treinta pasajeros, junto con algunas provisiones.

En el *Little James* llegó una carta para William de Robert Cushman, quien ahora era representante de la colonia en Inglaterra. Al parecer, Robert había podido espolear a los inversores que seguían formando parte de los Comerciantes aventureros para que se tomaran más interés por el bienestar de la colonia. En su carta, Robert se disculpaba por no enviar más provisiones y por enviar a tantos extraños que «no eran precisamente habilidosos». William ya había llegado a esa conclusión y no estaba contento con un grupo de diez hombres llamados particulares que habían llegado en el *Anne*. Estos hombres, que habían pagado a los Comerciantes aventureros su pasaje hasta Plymouth, tenían derecho a vivir allí, pero no estaban obligados a prestar ningún servicio en beneficio de la colonia. Podían hacer todo lo que les viniera en gana en tanto en cuanto contribuyesen con una fanega de trigo indígena por año al granero común. William pensó que tener hombres en la comunidad a quienes no se podía pedir que

arrimaran el hombro por el bien de todos, únicamente conduciría a problemas y al descontento de
los demás residentes.

No obstante, William tenía otras cosas en qué
preocuparse. Con los recién llegados, la población
de Plymouth casi se había duplicado. La ayuda extra en la comunidad era muy necesaria, pero había
que alojarla y alimentarla. Habría que construir viviendas para ellos. Y el montón de listones de roble
y pieles de castor almacenados en Plymouth tenían
que ser cargados a bordo del *Anne* para enviarlos a
Inglaterra.

Al ver a los recién llegados, William deseó que
hubiera muchos más separatistas de Leiden. Al fin
y al cabo, Plymouth era el lugar que habían soñado
y planeado por años. Pero la mayor parte de los más
de noventa recién llegados eran extraños. Pero Alice
Southworth había llegado en el *Anne* y William esperaba compartir su vida con ella.

Capítulo 14

Conspiración

El martes 14 de agosto de 1623, William Bradford y Alice Southworth se casaron en la casa del gobernador de Plymouth. Según la costumbre de los separatistas, el enlace no era más que una ceremonia civil, dirigida en este caso por Isaac Allerton, el ayudante de William. Alice llevaba puesto un vestido de color oscuro con cuello de encaje y William un traje gris y túnica púrpura de gobernador. Toda la comunidad se congregó para celebrar la ocasión. También asistió Massasoit con una de sus cinco esposas y 120 guerreros.

Después de la ceremonia tuvo lugar una gran celebración. Massasoit llevó cuatro ciervos y un pavo para ayudar a alimentar a todos los comensales. Los ciervos y el pavo fueron asados al fuego y se cocieron cazuelas con guisados y estofados junto a las llamas. Se sirvieron dulces, con uvas y ciruelas pasas, y una

variedad de frutas de los bosques circundantes a Plymouth. Después de la fiesta, los indígenas entretuvieron a todos con sus bulliciosas danzas.

Sentado junto a Alice, contemplando las danzas,
William sintió contentamiento. A los treinta y tres
años de edad volvía a ser un hombre casado. Anhelaba la compañía de Alice, sentarse y conversar con
alguien que no fuesen sus consejeros. Sumido en su
viudez, echaba de menos la amistad íntima que tenía
con Dorothy. Por supuesto, no sólo vivirían William y
Alice en la casa del gobernador. La compartirían con
Thomas Cushmany varios niños cuyos padres habían
fallecido durante el primer invierno en Plymouth, a
los que cuidaba William. Él esperaba que su familia
no tardase mucho en aumentar. Alice había dejado
a sus dos hijos en Leiden con unos familiares, y William esperaba que ellos y su hijo John se reunieran
un día bajo el mismo techo en Plymouth.

Poco tiempo después de la boda, el *Anne* levó anclas y se hizo a la mar rumbo a Inglaterra. William
esperaba que la carga que llevaba en su bodega alcanzara un buen precio en Londres y que ello permitiera a los colonos reducir la deuda con los Comerciantes aventureros. Con el *Anne*, también se fueron
cierto número de particulares que pensaron que la
vida en Nueva Inglaterra no era para ellos. William
se alegró de su partida.

Edward Winslow también iba a bordo. William
le envió a Londres para poner al día a los Comerciantes aventureros del progreso realizado por la
comunidad e intentar conseguir que enviaran con
más regularidad provisiones extra a la colonia. Edward también debía pedirles que no enviaran más
extraños ni particulares, sino más separatistas de

Leiden, en especial el pastor John Robinson. Por lo que a William concernía, el equilibrio entre los separatistas y los extraños en Plymouth estaba descompensado. Plymouth siempre había intentado ser una comunidad separatista que deseaba practicar su religión sin cortapisas impuestas por las disposiciones de la iglesia anglicana. Pero los separatistas sólo representaban una minoría en el asentamiento que habían intentado establecer.

Una vez que el *Anne* zarpó hacia Inglaterra, la comunidad dedicó su atención a la cosecha. Los tallos de maíz estaban cargados de mazorcas, y los colonos se entregaron con ahínco a recoger la cosecha de sus propias tierras. La decisión de permitirles tener sus propias parcelas fue bastante acertada. Se obtuvo una cosecha abundante, no sólo de maíz, sino también de alubias y de calabazas entre los surcos. Una vez que todo se hubo recogido, se constató una gran provisión. William respiró aliviado. Tiempo atrás tuvo la impresión de que los cultivos agostados por la sequía iban a acabar en un completo fracaso, pero él sabía que Dios había oído sus oraciones y bendecido su cosecha. William se humilló y se alegró. La cosecha había sido lo bastante abundante como para acabar de inmediato con la hambruna constante que la gente había tenido que soportar, y disponer de suficiente grano almacenado para afrontar el invierno.

A medida que fueron transcurriendo los meses, William se entregó a la tarea de administrar Plymouth. Se construyeron suficientes casitas para albergar a los últimos en llegar. Y al acercarse el invierno, con una provisión adecuada de alimentos, William tuvo una sensación de contentamiento. Parecía que

Plymouth empezaba a levantar cabeza. La vida seguía siendo todo un desafío, pero él creía que la lucha a vida o muerte por la supervivencia diaria, había por fin quedado atrás. También se alegró de haberse casado con Alice y desbordó de entusiasmo cuando supo que ella estaba embarazada.

Al acercarse la primavera, en marzo de 1624, llegó el momento de volver a elegir gobernador en la colonia. William había ejercido el cargo durante tres años y estaba cansado. Con una esposa y un bebé de camino, decidió que era bueno que algún otro tomase las riendas. Pero los residentes de Plymouth no deseaban reemplazar a William. Ellos pensaron que había hecho una labor excelente y le eligieron para gobernar la colonia una vez más. Como Plymouth seguía creciendo, la tarea del gobernador también se multiplicaba. William negoció con la comunidad para permitir que cinco ayudantes compartieran con él la carga.

Una de las primeras cosas que William tuvo que hacer frente en su segundo mandato como gobernador fue una petición que le presentaron los miembros de la comunidad. Dada la abundancia de la cosecha del año anterior gracias a las parcelas individuales que se habían asignado, los colonos solicitaron la propiedad permanente de sus tierras. Arguyeron que los residentes labrarían la tierra más esforzadamente si la poseían y la controlaban. William aceptó su razonamiento. El disponer de su propia parcela de cultivo hizo que los residentes de Plymouth fueran más productivos. A cada vecino de Plymouth le fue asignado directamente casi media hectárea de terreno en propiedad, lo más cerca posible de la población.

Apenas había quedado zanjado este asunto en la primavera de 1624 cuando otro barco, el *Charity*, se presentó en la bahía. A bordo viajaba Edward Winslow, que volvía de Londres. Edward entregó a William una carta de Robert Cushman en la que éste se disculpaba por no enviar más artículos de lujo, como mantequilla y azúcar. Se debía simplemente a que no habían dispuesto de suficiente dinero para adquirir esas cosas. Sin embargo, el *Charity* transportaba artículos muy necesarios para los residentes de Plymouth, y otros para intercambiar con los indígenas. Los Comerciantes aventureros cargaron el barco con aparejos de pesca adecuados para ayudar a los colonos a pescar y autoabastecerse. Para tal fin, también viajó en el *Charity* un constructor de barcos, contratado por los Comerciantes aventureros para que se instalara en Plymouth y edificara una flota pesquera. También viajaba un salinero para quedarse en Plymouth y proporcionar la sal necesaria para salar el pescado que atraparan antes de enviarlo a Inglaterra.

William apreció ese gesto, pero la verdad era que los colonos eran pésimos pescadores, con lo que más barcos y mejores aparejos no iban probablemente a cambiar esa realidad. Pero el *Charity* transportaba algo que William había pedido concretamente a Edward que trajera —tres terneras y un toro—. William confiaba que estos animales fueran la primera vacada de reses en Nueva Inglaterra.

El *Charity* también traía alguien a bordo cuya presencia en el barco William no acertaba a comprender: el reverendo John Lyford. William esperaba al pastor John Robinson, pero en vez de él, los Comerciantes aventureros enviaron a un clérigo de la iglesia anglicana, un hombre que representaba la misma institución religiosa de la cual William y los separatistas se habían escindido. Edward aclaró que el resto de los Comerciantes aventureros eran mayormente miembros fervientes de la iglesia anglicana y que preferían no enviar más separatistas de Leiden. Escogieron un ministro anglicano y su familia para atender a las necesidades espirituales de los anglicanos que excedían a los separatistas de Plymouth.

William se sintió traicionado por los proveedores de financiación para Plymouth. Cuando los separatistas recibieron su patente de tierra para Virginia, tardaron mucho en recibirla porque insistieron en una cláusula que les garantizara libertad religiosa. Y resultaba que ahora no eran libres para practicar su religión. Los separatistas de Leiden que deseaban unírseles en Plymouth no eran transportados a propósito, mientras que los separatistas de Plymouth eran gravados con un pastor de la iglesia anglicana y se esperaba de ellos que le alimentaran y le alojaran, así como a su mujer y sus cinco hijos.

La actitud de William hacia John Lyford se suavizó a medida que le fue conociendo. John parecía ser humilde y aceptar a los separatistas y sus creencias. De hecho, para sorpresa de William, solicitó hacerse miembro de la iglesia que habían establecido los separatistas. No mucho después fue invitado a unirse a William Brewster, William y sus cinco ayudantes como nuevo miembro de los que ahora se denominaban consejeros del gobernador.

En la primavera, William tuvo que lidiar con otro hombre —John Oldham, un particular llegado en el *Anne* el año anterior y uno de los pocos que no regresaron a Inglaterra. William hubiera deseado que se marchara, porque aquel hombre era un fastidio constante para la comunidad. Pero John se acercó a William para pedirle perdón, diciendo que había hecho daño a los separatistas, quejándose ante otros miembros de la comunidad y escribiendo cartas a Inglaterra, difamándoles con calumnias. Pidió perdón por su conducta, confesó que había experimentado un cambio de corazón y que quería enderezar sus caminos. William aceptó gustoso las disculpas de John y le permitió formar parte de la comunidad.

Mientras tanto, el constructor de barcos que habían enviado los Comerciantes aventureros demostró ser un diestro artesano y se esforzó en la construcción de varias chalupas destinadas a la pesca. No obstante, el salinero apenas tenía habilidad en su oficio y fracasó en el intento de producir sal, aunque hablaba como si estuviera produciendo mucha.

Como Alice estaba embarazada, William hizo todo lo que pudo por aliviar las cargas domésticas de sus espaldas.

La casa del gobernador, ubicada justo en el centro de Plymouth, proporcionaba a William un buen lugar para ver lo que estaba aconteciendo en la comunidad. Mientras realizaba en casa tareas administrativas, William empezó a notar que John Oldham y John Lyford pasaban mucho tiempo en compañía. Al principio no prestó atención, pero después empezó a sospechar cuando John Billington y otros miembros de la comunidad se les fueron sumando. La familia Billington había creado problemas a la comunidad desde el momento en que el *Mayflower* zarpara de Plymouth, Inglaterra.

William también notó que cuando no estaba con los otros John Lyford pasaba mucho tiempo escribiendo largas cartas. Empezó a sospechar que se estaba fraguando algún tipo de conspiración, quizá para derrocarle a él y a los separatistas y someter a Plymouth bajo el firme control de la iglesia anglicana.

Una vez que sospechó de la conspiración, William buscó calladamente una oportunidad para confrontarla. El *Charity* aún no había dejado atrás Nueva Inglaterra con destino a Inglaterra, sino que se había dirigido hacia el norte en una expedición pesquera. Cuando la nave volvió a recalar en Plymouth, rumbo a Inglaterra, William vio que John Lyford y John Oldham entregaban un fardo de cartas al capitán. Después de ver esto, William habló con William Brewster y varios de sus consejeros separatistas en quienes más confiaba para decidir qué hacer.

Poco después que el *Charity* levó anclas y zarpó de Plymouth, William y sus consejeros se subieron a la chalupa y desplegaron velas como si fueran a cruzar la bahía. No obstante, siguieron al *Charity*, y cuando la nave se perdió de vista en Plymouth, la interceptaron y subieron a bordo.

William encontró en el barco casi dos docenas de cartas escritas por John Lyford y John Oldham. Cuando las leyó se quedó atónito. Las cartas estaban llenas de mentiras y calumnias. Aconsejaban a los Comerciantes aventureros enviar tantos extraños como fuera posible para aplastar a los separatistas y no permitir que ninguna otra persona, en especial, su pastor John Robinson, fuera enviada a Plymouth. Según las cartas, había llegado la hora de deshacerse del actual liderazgo de la comunidad y sujetar firmemente a Plymouth bajo el control de la iglesia anglicana. Las sospechas de William eran fundadas. William y sus consejeros pasaron varias horas copiando algunas cartas y confiscando otras.

Con el trabajo hecho en el *Charity*, el grupo regresó a Plymouth con la chalupa. Una vez en Plymouth, William y sus consejeros no comentaron con nadie lo de la conspiración ni lo que habían descubierto, sino que aguardaron el momento oportuno para actuar. William no tuvo que esperar mucho. Poco después, John Oldham se negó a prestar un servicio de guardia cuando le fue ordenado por Myles Standish. En vez de acatar la orden, entabló una discusión con Myles y le sacó un cuchillo. Oldham fue arrestado y encerrado en el fuerte. Entonces William esperó a que John Lyford cometiera un desliz, como, en efecto, sucedió cuando celebró abiertamente un servicio religioso de la iglesia anglicana, violando así las normas de la colonia. Él también fue arrestado.

William convocó a la comunidad en el fuerte para juzgar los cargos que había contra los dos hombres. Una vez que se designó el tribunal, William acusó a John Oldham y John Lyford de «conspirar contra ellos y amenazar la paz, tanto por lo que concernía al estado civil como eclesiástico». Ambos hombres alegaron que no había ninguna prueba que demostrara que ellos hubieran cometido tales delitos. William vio empalidecer sus rostros cuando sacó las cartas interceptadas en el *Charity* y empezó a leerlas en voz alta. Un silencio solemne invadió la sala. John Lyford agachó la cabeza y se quedó inmóvil.

Ambos hombres fueron pronto declarados culpables. Al dictar la sentencia, William les explicó que lo que habían hecho equivalía a traición. Ambos debían ser expulsados de Plymouth. John Oldham de inmediato. A John Lyford, quien se mostró contrito ante el tribunal y pidió perdón, se le concedió seis meses para que organizara sus asuntos antes de ser desterrado.

William sintió que la justicia había sido servida y la conspiración aplastada. Ahora tenía otras cosas en qué preocuparse. El martes 17 de junio de 1624, Alice Bradford, asistida por Bridget Fuller, la comadrona de Plymouth, dio a luz un hijo, a quienes pusieron el mismo nombre que su padre. William estaba exultante. Cuando tomó al niño en sus brazos no pudo menos que recordar el nacimiento de su primer hijo John, en Leiden, nueve años antes. ¡Cómo deseaba que John estuviera allí para ver a su hermanito!

Nueva vida brotaba en otros lugares aparte del hogar de los Bradford. Mientras William había estado ocupado desentrañando la conspiración, los colonos habían plantado maíz en sus parcelas. Las plantas ya habían nacido, tenían un aspecto frondoso y crecían rápidamente. Era el tiempo de plantar habas y calabazas en los surcos. William tenía la sensación de que Plymouth iba prosperando; tenía la esperanza de recoger una cosecha aún más abundante que el año anterior, y una vez más, contar con un suministro aceptable de bienes para intercambiar por pieles. Lo mejor de todo para William era que la constante hambruna que los colonos habían padecido durante los dos primeros años del asentamiento, parecían haber quedado lejos.

En el verano los residentes cultivaron sus parcelas y William hijo creció rápidamente. La única decepción que sufrió William durante el verano fue la muerte del constructor de barcos, quien había terminado dos nuevas embarcaciones. Otras dos quedaron inacabadas cuando se produjo su defunción. En cuanto al salinero, abandonó completamente su oficio, pero decidió quedarse en Plymouth.

En el otoño, los residentes recogieron una gran cosecha de maíz, alubias y calabazas. Tenían más que suficiente para alimentar a la comunidad durante todo el invierno. Como de costumbre, el invierno descendió con su frialdad glacial sobre Nueva Inglaterra. Era mucho más fácil aguantar con comida adecuada, y las mejoras constantes en el alojamiento significaban que los chalecitos eran mucho más cómodos y cálidos que antes.

El año 1625 fue avanzando; William disfrutaba viendo a su hijito gatear y hacer sus pinitos. Todo parecía ir bien en Plymouth hasta que un barco que hizo escala dejó una carta para William. No todo iba bien en Londres. Aunque John Lyford había suplicado perdón en su juicio, no abandonó sus maneras conspiratorias. De algún modo se las arregló para enviar varias cartas de contrabando de la comunidad a Londres, en las que describía el trato recibido de William y los líderes de Plymouth, lo que provocó un revuelo entre los Comerciantes aventureros. Muchos de los inversores se indignaron por el trato dispensado a un clérigo de la iglesia anglicana. Daba la impresión que el grupo restante de Comerciantes aventureros podría escindirse, lo que obligaría a Plymouth a afrontar un futuro incierto.

William decidió que había que hacer algo a corto plazo para mantener su relación con los Comerciantes aventureros. Él sabía que a largo plazo los colonos tenían que encontrar una mejor solución que depender constantemente del capricho de sus inversores. En la primavera, William envió a Myles Standish a Londres en el *Little James*. Antes de hacerse a la mar, el barco fue cargado con suficiente bacalao salado y pieles de castor como para satisfacer —calculó William— la cuarta parte de la deuda que debían a los inversores. También encargó a Myles que se entrevistara con el

Consejo para Nueva Inglaterra para ver si había alguna forma en la que Plymouth pudiera ser liberada de la atadura de los Comerciantes aventureros.

Pasó casi un año hasta que Myles regresó de Inglaterra a principios de 1626. Aunque William esperaba que trajera buenas noticias, en general no fue así. El Consejo de Inglaterra no había ofrecido ayuda y Myles informó a los Comerciantes aventureros de las dificultades que habían atravesado. Al principio los inversores se enfadaron bastante, especialmente por cuanto toda la carga del *Little James* había sido robada por los piratas poco antes que la nave llegara a Inglaterra —otra pérdida financiera—. No obstante, Myles se las arregló para que los inversores accedieran a negociar con los colonos para que éstos compraran y asumieran pleno control de Plymouth. William vio alguna esperanza en ello y en la noticia de que el rey James I de Inglaterra hubiera muerto y su hijo Charles I fuera el nuevo rey. William confió que el nuevo rey no siguiera la política de su padre en relación con la iglesia y permitiera a los ingleses practicar la religión que les dictara su conciencia.

Myles también transmitió algunas noticias que supusieron un golpe amargo para William. El pastor John Robinson había muerto, como también Robert Cushman. Por el tiempo de la visita de Myles, Londres estaba siendo asolada por la plaga que había causado la muerte de Robert. William agachó la cabeza al oír estas noticias, su corazón se angustió al tener constancia de aquellas pérdidas. Pero él era gobernador de Plymouth, y a pesar de las malas noticias la gente de la comunidad confiaba en su dirección.

Capítulo 15

Emprendedores

Mientras tanto, la rutina de la vida cotidiana siguió su curso en Plymouth. En marzo William fue reelegido gobernador por quinta vez. No mucho después, dirigió la ceremonia nupcial de Isaac Allerton, su ayudante, con Fear Brewster, hija de William y Mary Brewster.

A fines de la primavera, se llevó a cabo la siembra y los residentes en el asentamiento se ocuparon de las labores del campo. Por esa época los residentes de Plymouth criaban pollos, cabras y cerdos en sus parcelas. El ganado que Edward había traído de Inglaterra se estaba reproduciendo. William confiaba que llegaran más reses de Inglaterra y ayudaran a crear una vacada.

El comercio de pieles con los indígenas continuó. A este respecto, William vigiló a los holandeses, quienes habían fundado una colonia conocida

como Nueva Ámsterdam en la isla que había en la
desembocadura del río Hudson, el mismo lugar en
el que la Nueva Compañía de los Países Bajos había
querido que se establecieran los separatistas. Desde allí, los holandeses habían empezado a comerciar
con los indígenas en la costa sur de Nueva Inglaterra: su competencia suponía una amenaza para el
esfuerzo comercial de Plymouth.

El año fue transcurriendo y William envió a Isaac a Londres a negociar con los Comerciantes aventureros. A principios de 1627 Isaac regresó con un
acuerdo mediante el cual los Comerciantes aventureros aceptaban vender la colonia directamente por
mil ochocientas libras, a pagar en nueve plazos de
doscientas libras al año. William quedó encantado
con el acuerdo alcanzado. Los colonos de Plymouth
ya no tendrían que depender de un grupo de inversores que, como era evidente, no siempre tenían un
interés sincero en procurar el bien de la colonia. Por
supuesto, esto suscitó la cuestión de la propiedad:
Si los colonos eran dueños de la colonia, ¿cómo se
dividirían los bienes? Se decidió que cada soltero o
padre de familia se convirtiera en «comprador». Y a
los compradores se les otorgaría ocho hectáreas de
tierra y una casa.

William pensó que era un acuerdo justo. No obstante, había que recaudar el dinero para comprar
la colonia y efectuar los pagos en el plazo estipula-
do. Con este fin, se establecieron los «emprendedores». Este era un grupo formado por ocho hombres,
a saber, William, William Brewster, Isaac Allerton,
Edward Winslow, Myles Standish, John Alden, Thomas Prence y John Howland. Juntos asumirían el
pago de las mil ochocientas libras que se debían a

los Comerciantes aventureros y el pago de seiscientas libras adicionales debidas a los inversores. Para recaudar el dinero, los emprendedores importarían de Inglaterra artículos de primera necesidad para la colonia. Venderían los artículos importados a los colonos por una cantidad fija de grano, que luego sería vendida para obtener un beneficio. Debido al riesgo financiero que asumían los emprendedores, se les garantizaba un monopolio de seis años de comercio con los indígenas. Todo beneficio que el grupo consiguiera después de satisfacer las deudas de Plymouth sería suyo.

Aunque William no era un hombre experimentado en negocios ni experto en administrar dinero, creyó que la opinión de los emprendedores era un buen plan y de buena gana dejó que Isaac se encargara de los detalles. Sintió descanso al haber concebido un plan para librarse de los Comerciantes aventureros.

En mayo de 1627, poco después de establecerse los emprendedores, William volvió a ser padre cuando Alice dio a luz una hija a quien llamaron Mercy. Por esas fechas, William hijo ya casi había cumplido tres años. También tuvieron lugar otros cambios en el hogar de los Bradford. Una vez muerto Robert Cushman, William adoptó formalmente a su hijo Thomas, de diecinueve años. Además, John Bradford, niño de doce años, llegó por fin procedente de Leiden para vivir con su padre y su madrastra. Llegó en un barco que transportaba treinta y cinco pasajeros de Leiden. Para William, el encuentro con su hijo mayor resultó agridulce. Aunque se esforzó, los ocho años que ambos habían estado separados no eran fáciles de superar. La relación de William con John no fue íntima y, al parecer, a

John le costó mucho adaptarse al ajetreado hogar de los Bradford.

Acordado el plan de compra de la colonia y resuelta la provisión alimenticia de Plymouth, William pensó que había llegado el momento de centrarse en el comercio con los indígenas. En particular, las pieles de castor, muy solicitadas en Inglaterra para manufacturar abrigos y sombreros, alcanzaban un alto precio en el mercado. En consecuencia, se estableció un puesto comercial en Aptucxet, ubicado al sur, en el extremo de la bahía de Buzzards. Allí se intercambiaban mantas, boles, herramientas de metal y otros artículos a cambio de pieles. Poco después se instaló un punto comercial al norte del río Kennebec.

En 1627, William recibió una carta de Peter Minuit, gobernador del asentamiento holandés de Nueva Ámsterdam, invitando a los colonos de Plymouth a comerciar con ellos. William respondió escribiendo una carta en holandés, diciendo que Plymouth estaba bien abastecida de todo lo necesario por un año. Isaak de Rasieres, principal comerciante de Nueva Ámsterdam, no se desanimó y se presentó en Plymouth en octubre de 1627. Llegó con azúcar, lino, y otros tejidos fabricados en Holanda. A William le cayó bien Isaak, y el poder conversar con él en holandés fluido impresionó a su huésped. Ambos charlaron acerca del comercio con los indígenas. Isaak habló de una cosa que fascinó a William: el wampum[1]. Isaak manifestó que el wampum era

---

1   Wampum: Concha que era usada por cierta tribu de indios norteamericanos para hacer trueques.

Cinturón de fibra vegetal en que iban engarzados pequeños trozos de estas conchas, que servía para hacer trueques, como signo de distinción, para sellar acuerdos, etc.

una especie de divisa que adoptaba dos formas: en blanco y en negro. El wampum blanco estaba hecho de conchas de vincapervinca y el wampum negro de conchas de almeja. El wampum blanco era más valioso que el negro. Las conchas eran moldeadas en pequeños cilindros pulimentados que los indígenas colocaban en cuerdas para formar cinturones de dinero. William nunca había oído tal cosa y se mostraba escéptico. No obstante, Isaak le convenció que comprase un valor de cincuenta libras de wampum y averiguara por sí mismo si funcionaba.

Al principio William pensó que Isaak le había estafado. Los indígenas de los alrededores de Plymouth no estaban interesados en cambiar pieles por wampum. Pero las tribus del interior estaban dispuestas a aceptarlo. Al ver el intenso comercio que se desarrollaba con esas tribus, algunos indígenas de la costa también empezaron a aceptar el intercambio de pieles por wampum.

William estaba encantado. El intercambio de pieles por wampum era mucho más económico que la compraventa de artículos que habían de ser importados de Inglaterra. A medida que florecía la empresa comercial de Plymouth, los emprendedores estaban encantados. Con las pieles de castor y de otros animales que llegaban a los puntos comerciales de la colonia, veían que serían capaces de efectuar sus pagos aplazados a los Comerciantes aventureros. A mediados de 1628, Isaac Allerton zarpó rumbo Inglaterra con pieles suficientes para pagar trescientas libras de deuda.

Aunque las cosas iban bien en Plymouth, surgió una situación en la costa, más al norte, que exigió la atención de William. Dos años antes, se había

establecido un asentamiento llamado Monte Wollaston, justo al norte de Wessagusset. El asentamiento
estaba formado por unos treinta y cinco hombres
dirigidos por el capitán Wollaston y su socio comercial. El capitán Wollaston se trasladó a Virginia y
dejó el asentamiento en manos de Thomas.

Después de la experiencia con la colonia de Wessagusset, William andaba siempre cauteloso ante
los nuevos asentamientos. Sus dudas se cumplie-
ron cuando en Plymouth se oyó la noticia de que
Thomas había cambiado su nombre por el de Mare
Mount y erigido un mayo en torno al cual los residentes bebían, cantaban, bailaban y festejaban con
tripulaciones de barcos, guerreros y mujeres indígenas. Tal conducta era considerada escandalosa en
Plymouth, especialmente por los separatistas, quienes denominaron el asentamiento Monteparranda.
William empezó a llamar a Thomas Morton señor del
desgobierno.

Los residentes de Plymouth ignoraron la conducta que imperaba en Monteparranda hasta que Thomas comenzó a comerciar licor, mosquetes, pólvora
y disparar a los indígenas. William creía que el poner
tales artículos en manos de los indígenas ponía en
peligro a todos los ingleses de Nueva Inglaterra. No
fue el único que tuvo este sentir. Por esa época, había varios asentamientos ingleses esparcidos por la
costa de Nueva Inglaterra. Los líderes de estos asentamientos escribieron a William pidiéndole ayuda
para poner fin a las conductas que se practicaban
en Monteparranda.

William envió una carta de advertencia a Thomas
Morton para que éste cesara sus peligrosas prác-
ticas comerciales. Pero como Thomas respondiera

descortésmente, William decidió actuar con decisión. Envió a Myles Standish, acompañado de nueve hombres armados, para afrontar la situación creada en Monteparranda.

Una vez más William esperó noticias en Plymouth. Myles no tardó en llegar con buenas noticias. Informó que cuando llegaron a Monteparranda, hallaron a Thomas Morton y sus hombres encerrados en su casa con un pequeño arsenal de armas preparadas. Cuando se les ordenó rendirse, los hombres se burlaron y mofaron de Myles y corrieron a la puerta para atacarle a él y a sus compañeros. Pero los hombres de Monteparranda estaban tan ebrios que no pudieron apuntar con sus mosquetes. Thomas, sujetando su arma, se dirigió hacia Myles, quien le quitó el arma y le capturó. La lucha terminó casi antes de empezar. Myles se llevó consigo a Thomas a Plymouth, donde permaneció arrestado hasta que fue metido en un barco y devuelto a Inglaterra. Mientras tanto, el resto de los hombres de Monteparranda se desbandó. Para William aquel fue un buen resultado. Thomas Morton iba rumbo a Inglaterra y ya no incordiaría en Monteparranda.

Poco después, llegaron a Plymouth los dos hijos de Alice, Thomas y Constant Southwork. William dio la bienvenida a sus hijastros en su hogar.

En septiembre de 1628, William se enteró de que cincuenta colonos puritanos habían llegado a la colonia de Naumkeag, fundada dos años antes al norte de la bahía de Massachusetts. El grupo estaba dirigido por John Endecott, quien cambió el nombre de la colonia por el de Salem. John fue uno de los seis puritanos que había obtenido una patente de tierra para lo que se denominaba colonia de la bahía de Massachusetts.

A William no le sorprendió que los puritanos comenzaran a huir de Inglaterra. Después de la muerte de su padre, el rey Charles I empezó a restringir
aún más a los inconformistas ingleses. En especial,
los puritanos fueron arrojados a la cárcel, multados,
despojados de sus propiedades, y a veces ejecutados
por profesar sus creencias. Bajo ese constante acoso,
muchos puritanos pusieron sus anhelos en América.
Soñaban con una colonia muy semejante a la que
los separatistas habían edificado en Plymouth, donde pudieran ser libres de la tiranía religiosa del rey.

Cuando los primeros pequeños grupos de puritanos llegaron a Nueva Inglaterra, William se dio
cuenta de que no iba a resultar fácil para ellos. Tendrían que soportar muchas dificultades para salir
adelante. Ciertamente, el invierno de 1628-29 fue el
más frío de todos los que William recordaba desde
que llegara al Nuevo Mundo. Lo mismo que el hambre y la enfermedad habían sido amenazas constantes para Plymouth hacía nueve años, así también
lo fueron para Salem. La mitad de los recién llegados murió por causa del frío, la falta de alimentos
y la enfermedad. William envió a Salem a Samuel
Fuller, el cirujano de Plymouth, para ayudar a los
sobrevivientes.

Con la llegada de la primavera de 1629, la vida
en Plymouth volvió a caer en la rutina del comercio con los indígenas en los puntos comerciales a
lo largo de la costa y en la preparación del terreno
para la nueva sementera. Por ese tiempo, llegó más
ganado de Inglaterra y continuó el proceso de cría
de una buena vacada. Las vacas ya producían leche
para hacer mantequilla, un artículo muy apreciado
en Plymouth.

La reelección de William en marzo de 1630 marcó su noveno año como gobernador de Plymouth. Ese año trajo consigo nuevos desafíos para él. Tuvo algunos puntos álgidos: Alice dio a luz otro hijo, al que llamaron Joseph. Isaac Allerton volvió de Inglaterra con una patente de tierra para su punto comercial ubicado en Cushnoc, en el río Kennebec. La última remesa de separatistas llegó procedente de Leiden, diez años después de la llegada del primer grupo. Pero a William no le impresionó mucho la llegada de este grupo.

El primer reto que tuvo que afrontar William fue Isaac Allerton, que se había hecho cargo de los negocios de Plymouth en Londres durante los últimos tres años. Isaac hizo varios viajes a través del Atlántico con pieles por valor de miles de libras. Parte del dinero de las pieles debía de usarse para pagar directamente la deuda de los emprendedores con los Comerciantes aventureros, y parte del mismo para adquirir artículos para intercambiar y otros productos básicos para la colonia. Isaac también representaba a la colonia para negociar con varios funcionarios ingleses. Los emprendedores confiaban en él para que se encargara de los asuntos de la colonia por su bien y por el bien de todos los residentes de Plymouth. Pero William se quedó atónito cuando Isaac llegó a Plymouth procedente de Londres con Thomas Morton y anunció que había contratado a este hombre para que fuera su ayudante. Era inconcebible para William que un separatista pudiera tomar esa decisión. Además de señor del desgobierno, como William le había llamado, y sido desterrado de Nueva Inglaterra, su carácter era también tan impío y profano que hizo que William dudara del propio carácter de Isaac.

William no permitió a Thomas quedarse en Plymouth, por lo que fue desterrado del asentamiento. Una vez ido, William y los otros emprendedores decidieron investigar cómo había gestionado Isaac sus negocios. Al poner en evidencia tan mal juicio por lo que concernía a Thomas Morton, ¿no podría haber mostrado mal juicio en la gestión de sus asuntos?

Los emprendedores descubrieron en seguida que Isaac había exhibido una conducta que mezclaba sus propios asuntos con los de la colonia. Isaac compraba artículos para la colonia y después apartaba los mejores para sus propias empresas comerciales en Plymouth. Cobraba a los emprendedores el doble por algunas mercancías que compraba y enviaba, embolsándose el dinero extra. También les cobraba gastos exagerados por sus estancias en Inglaterra, dinero que también se guardaba. De este modo, se las arregló para sustraer miles de libras de los emprendedores. William estaba desolado: su ayudante de confianza y compañero separatista era un mentiroso y un ladrón.

Cuando los emprendedores comenzaron a desentrañar los complicados negocios de Isaac, descubrieron que todavía debían mil libras a los Comerciantes aventureros, mucho más de lo que creían que aún les debían. Para incredulidad de William, las seiscientas libras que debían a otros inversores en 1627 habían aumentado hasta casi cinco mil, las cuales William y el resto de los emprendedores eran responsables de devolver.

Isaac fue inmediatamente apartado de su cargo, no sólo como administrador comercial de la colonia, sino también como ayudante y consejero de William. Éste se vio un una difícil posición. Si Isaac hubiera sido otro hombre, le habría desterrado de la colonia, pero él había estado con los separatistas desde el principio, primero en Leiden y después en el Nuevo Mundo. Él había firmado el convenio del Mayflower y había trabajado para ayudar al establecimiento de Plymouth. También estaba casado con la hija de William Brewster. Para William estas cosas no se podían pasar fácilmente por alto. Aunque sabía que los emprendedores tardarían años en pagar sus deudas, William decidió perdonar a Isaac y le permitió quedarse en Plymouth. Aunque le resultó difícil comprender la traición de Isaac a su pacto con Dios, su iglesia y sus compañeros colonos, William sintió que le correspondía a Dios juzgar, mientras que a él le tocaba ofrecer misericordia y perdón.

El segundo reto para William también implicó a un firmante del convenio del Mayflower. John Billington trabó una acalorada discusión con su vecino John Newcomen y le mató de un disparo. Billington fue arrestado y juzgado en Plymouth, hallado culpable y sentenciado a muerte. La responsabilidad que recayó sobre William de ordenar la ejecución de una persona que había viajado con él en el mismo barco y firmado el convenio del Mayflower, le resultaba difícil de sobrellevar.

En el verano de 1630, una flota de once barcos que transportaban casi mil puritanos llegó a la bahía de Massachusetts. Algunos de los recién llegados se establecieron en Salem, mientras que otros se establecieron en otro asentamiento junto a la bahía, en la ribera del río Charles, que llamaron Boston. John Winthrop, líder de la flota, pasó a ser gobernador oficial de la colonia de la bahía de Massachusetts. Entonces William escribió a John Winthrop para solicitar su consejo tocante al asunto de la ejecución de John Billington. Había oído que John era abogado.

John contestó prontamente a la carta de William, informándole que estaba de acuerdo con la decisión del tribunal y con la sentencia, y que John Billington debía ser ejecutado lo antes posible por el crimen cometido. Aunque era propio de la naturaleza de William el extender perdón, en septiembre de 1630 dio la orden de enviar a John a la horca. La ejecución, primera de un inglés llevada a cabo en Nueva Inglaterra, fue administrada por Myles Standish.

Cuando el año 1630 tocaba a su fin, William reflexionó sobre su vida. Habían pasado diez años desde que él, los separatistas y los extraños habían zarpado de Inglaterra en el *Mayflower* con destino al Nuevo Mundo. Desde su llegada, muchas cosas se habían logrado. En efecto, William acababa de empezar a escribir una historia de Plymouth, en la que relataba cada año de vida del asentamiento. Mientras escribía, se daba cuenta que todavía faltaban muchas cosas por hacer. Desde Plymouth también mantuvo vigilancia del número creciente de colonos puritanos que llegaban a la bahía de Massachusetts.

Capítulo 16

Ruptura

No mucho después de la ejecución de John Billington, William viajó en dirección norte, para conocer personalmente a John Winthrop, en Boston. Le cayó bien el nuevo gobernador de la colonia de la bahía de Massachusetts. Percibió que John era un caballero, un cristiano con quien podría relacionarse honorablemente. En Boston, William vio lo bien organizada y financiada que estaba la afluencia masiva de puritanos. El grupo llegó con abundantes suministros para hacer frente a sus necesidades, y además, un flujo constante de barcos entre Inglaterra y la bahía de Massachusetts seguía transportando más colonos y provisiones a través del Atlántico. Le pareció extraño a William encontrarse en un asentamiento cuya población había crecido en pocos meses más del triple que la población de Plymouth.

William sintió un prurito de orgullo durante su visita cuando el gobernador Winthrop le preguntó detalladamente cómo operaba la iglesia separatista de Plymouth. William le dijo que en Plymouth los líderes de la iglesia no eran nombrados para ejercer sus cargos, sino elegidos por los miembros de la congregación. A John pareció gustarle este enfoque y confesó a William que intentaba modelar las iglesias puritanas de Nueva Inglaterra conforme a este modelo.

Después de regresar a Plymouth, William se mostró un tanto reservado. El gran tamaño y riqueza de la colonia de la bahía de Massachusetts podía representar una amenaza para Plymouth. Como cada vez llegaban más puritanos de Inglaterra, William estaba convencido que no tardarían mucho en poner los ojos en las tierras controladas por Plymouth y en desear parte de ellas para sí mismos. Y habría competencia para comerciar con los indígenas, actividad que los colonos de Plymouth se habían esforzado por desarrollar y en la que se apoyaban.

El tener una colonia tan grande ubicada en las cercanías también tenía un lado positivo. Los puritanos eran, por lo general, ricos y proporcionaban un mercado para el maíz, los frijoles y otros productos que los colonos de Plymouth cultivaban, y para la cría de ganado, cabras, cerdos y pollos. En consecuencia, el precio de estos artículos comenzó a subir rápidamente. La demanda de ellos era tan grande que Plymouth no podía satisfacerla.

Esta situación creó otro reto para los residentes de Plymouth, ya que necesitaban más tierras de labranza. William respondió concediéndoles asignaciones de tierra más grandes, pero éstas se encontraban cada vez más alejadas de la población. Aunque los colonos solían caminar hasta sus tierras, cultivarlas durante el día y regresar al anochecer, comenzaron a edificar casas en parcelas más lejanas. Para William esto era difícil de aceptar. Su visión, y la de los separatistas, al principio, en Leiden, había sido una comunidad fuerte, unida, basada en principios cristianos y centrada en torno a la iglesia. Pero al trasladarse la gente fuera de Plymouth, la esperanza del cumplimiento de ese sueño empezó a desvanecerse.

William también se llevó una decepción con otra cosa que disminuyó la importancia de Plymouth. Desde su fundación, el asentamiento había sido el lugar donde los barcos comerciales fondeaban cuando llegaban a Nueva Inglaterra. Era la escala más grande y más importante de la costa. Pero ahora los barcos se desviaban de Plymouth e iban directamente a Boston, localidad dotada de un puerto profundo y habitada por ciudadanos ricos.

También llegaron otros cambios indeseados. Un año después que los puritanos se asentaron en Boston, Myles Standish, John Alden y Jonathan, el hijo mayor de William Brewster, se trasladaron de Plymouth a la orilla norte de la bahía de Plymouth, donde fundaron la localidad de Duxbury. En 1632, los residentes de Duxbury recibieron permiso de la iglesia de Plymouth para iniciar su propia congregación en su comunidad. Esto supuso otro golpe para William. La iglesia de Plymouth debía ser el eje de la comunidad, el lugar donde todos los residentes se reunían delante de Dios. Pero también eso se empezaba a descomponer, pues tres de sus compañeros más íntimos y sus familias decidían trasladarse a dieciséis kilómetros de distancia.

Poco después de la fundación de Duxbury, un grupo de residentes de Plymouth fundaron la localidad de Scituate en la costa, al norte de Duxbury.

Después se fundó Marshfield, situada entre Scituate y Duxbury. Al sur, los residentes de Plymouth salieron para establecerse en Sandwich, y después, en Barnstable y Yarmouth, en el cabo Cod. A medida que se fundaban estas poblaciones, empezaban a atraer colonos, algunos de Inglaterra, pero muchos de la colonia de la bahía de Massachusetts

A William le resultó difícil no considerar cada nueva población como una traición al objetivo original de los separatistas. También se sintió consternado porque mientras la población de Boston crecía rápidamente, la de Plymouth declinaba. «Y ningún hombre pensaba que podría sobrevivir, a no ser que tuviera ganado y mucho terreno para mantenerlo; y todos se esforzaban por aumentar sus manadas. Por lo cual, todos fueron esparcidos por la bahía en poco tiempo, y la población en que hasta entonces vivían de forma compacta quedó muy empequeñecida y en breve tiempo casi desolada», escribió él en su historia de la colonia.

En 1633 murió Fear, la esposa de Isaac Allerton, y poco después, Isaac se marchó de Plymouth y se instaló en Nueva Ámsterdam. También, durante 1633 William pensó que sería bueno hacer una pausa en su cargo de gobernador, después de haberlo ejercido durante doce años. William disfrutó del cambio. Edward Winslow fue elegido en su lugar. Entonces pudo dedicar más tiempo a atender sus tierras y a sus hijos, ya que también era su maestro. Los niños crecían rápidamente. John cumplió dieciocho años, William hijo nueve, Mercy seis y Joseph tres. William tenía cuarenta y tres años.

Thomas Prence pasó a ser gobernador en 1634, y en 1635 William volvió a ser reelegido. Un año antes, durante la gobernación de Thomas Prence, se había dado muy mal el esfuerzo comercial de Plymouth con los indígenas. Los comerciantes de la colonia de Massachusetts expulsaron a los de Plymouth de su punto comercial en el río Kennebec. Al punto comercial de Matianuck, en el río Connecticut, llegó un grupo de colonos puritanos y tomaron las riendas del lugar para su asentamiento. Disputas constantes sobre límites se sucedieron por cuanto los puritanos siguieron invadiendo tierras que pertenecían a Plymouth. A menudo William se enfrentaba con John Winthrop por tales asuntos, que invariablemente se zanjaban con la pérdida de un poco más territorio de Plymouth. El desenlace enfurecía a William, que no estaba dispuesto a usar la fuerza contra los puritanos con quienes compartía una misma fe.

Plymouth siempre había sido gobernada de una manera informal, el gobernador y sus consejeros respondían a las situaciones a medida que éstas surgían y entonces promulgaban leyes escritas si era necesario. Pero en 1636, con seis nuevos asentamientos esparcidos por la colonia, este planteamiento ya no funcionaba. Había llegado la hora de abordar un gobierno más formalizado.

Con sus ayudantes y con los representantes de los asentamientos, William diseñó lo que se dio en llamar Bases Generales, que establecían los principios básicos de gobierno de la colonia de Plymouth. El documento declaraba que no se podían promulgar leyes ni imponer impuestos sin el consentimiento de todos los hombres libres de la comunidad reunidos en asamblea legal. Debía celebrarse una elección anual del gobernador y sus ayudantes. Se garantizaba a los infractores y delincuentes un juicio a cargo

de un jurado compuesto de doce hombres, y el trans-
gresor podía defenderse ante cualquier miembro del
jurado. Además, ninguna persona podía condenar
o sentenciar en juicio sin el testimonio de al menos
dos individuos o sin suficiente evidencia circuns-
tancial. A todos los hombres libres que se habían
trasladado a asentamientos periféricos se les exigió
presentarse en Plymouth tres veces al año para asistir a la junta general, donde se trataban y se votaban
varios asuntos relacionados con la colonia.

En el año 1637 los colonos puritanos que habían
asumido el punto comercial de Plymouth de Matianuck, en el río Connecticut, comenzaron a ser ataca-
dos por los indígenas pequot, que vivían en la zona.
Varios colonos fueron asesinados mientras trabajaban en sus campos o cazaban en el bosque. Los pequot también intentaban incitar a los narragansett
contra los ingleses. Había que hacer algo. El gobernador John Winthrop pidió a William que le propor-
cionara un contingente de hombres armados que se
uniera a los puritanos para lidiar con el problema.
William aceptó y la fuerza salió hacia Connecticut.

A William no le agradó cuando se enteró que se
había producido un encuentro sangriento, desigual,
en el que casi todos los pequot —hombres, mujeres
y niños— fueron asesinados. Los que sobrevivieron
fueron apresados y vendidos como esclavos. William
aborrecía la violencia, pero los pequot habían dejado
claro que se proponían acabar con los colonos de
Nueva Inglaterra.

Una vez extinguida la amenaza de los pequot, William dedicó de nuevo su atención a Plymouth. Los
hombres libres que vivían en asentamientos periféricos se cansaron de viajar a Plymouth tres veces al

año para asistir a las reuniones de la junta general. William instituyó un nuevo planteamiento representativo para gobernar la colonia de Plymouth. Los que residían en asentamientos periféricos tendrían que elegir dos representantes para asistir a las reuniones de la junta general, mientras que la población de Plymouth elegiría cuatro. Esto eximía a todos, salvo a los representantes, de viajar regularmente a la población de Plymouth.

El año 1640 avanzaba y William se inquietaba porque Plymouth era una comunidad cristiana menos unida que hacía una década. Casi tres mil personas vivían ahora en la colonia, pero estaban distribuidas por varias poblaciones. Una buena parte de la población total de la colonia rara vez iba a Plymouth, cuyo número de habitantes había descendido a 150, el mismo número de personas que residiera en 1623.

A William le gustaba sentarse a charlar con William Brewster, quien había sido para él como un padre cuando era joven. Además de ejercer como presbítero principal de la iglesia de Plymouth, William Brewster era consejero espiritual y temporal de William y un amigo íntimo. Los dos recordaban su pasado en Yorkshire y en el grupo separatista de Scrooby, su huida a Holanda y su traslado al Nuevo Mundo. Pero siempre que hablaban sus voces estaban teñidas de pesar por no haber sido capaces de crear en América la comunidad que ambos habían soñado.

Aunque decepcionados por el derrotero que Plymouth había tomado, William continuó sirviendo fielmente a la colonia. Siguió escribiendo su historia de la misma e intentando ser una constante influencia positiva a su alrededor. De vez en cuando

Massasoit iba de visita a Plymouth y los dos hombres charlaban. A pesar de la rebelión que se estaba dando en los campos contiguos, Massasoit y los de la colonia de Plymouth siguieron siendo fieles al tratado de paz que habían convenido mutuamente.

El martes 18 de abril de 1643, a la edad de ochenta años murió William Brewster. Fue un duro golpe para William, «motivo de gran pesar y lamentación», escribiría. De su amigo dijo lo siguiente: «Por su capacidad personal estaba más cualificado que muchos». Plymouth pareció un lugar solitario sin su viejo amigo con quien conversaba, en quien confiaba y encontraba apoyo y consejo.

En 1644 William apenas pudo creer que un grupo de residentes de Plymouth propusieran abandonar la población y trasladarse al otro lado de la bahía del cabo Cod. Arguyeron que era un lugar más hospitalario, donde establecer una nueva población que atrajera a más residentes. William se preguntaba cómo era posible considerar el abandono de Plymouth. Para él, Plymouth era el corazón y alma de la colonia. Trasladarse significaba renunciar a todo lo que los separatistas habían soñado cuando arribaran a Nueva Inglaterra. Afortunadamente, el plan del traslado de Plymouth fue descartado, aunque varias familias, entre ellas la de Thomas Prence, se trasladaron al otro lado de la bahía del cabo Cod y fundaron Eastham. A pesar de todo, William siguió siendo gobernador, aunque ya lo hacía por un sentido del deber más que por idealismo de lo que podría llegar a ser. Cuando no se ocupaba de asuntos cívicos, le encantaba atender su tierra y su manada de ganado.

En 1646 William sufrió la pérdida de otro amigo íntimo y asociado, pero esta vez no fue debido a la muerte. Edward Winslow, quien había sido embajador de Plymouth entre los indígenas y en otros asentamientos, decidió regresar a Inglaterra. Cuando Edward se hizo a la mar, William sintió que su partida significaba prácticamente la muerte de su amigo. Supuso que nunca volvería a verlo.

Durante 1646 William sólo añadió unas pocas líneas a su historia de Plymouth; se limitó a contar los sucesos de ese año. En 1647 dejó de registrar los eventos del año y sólo anotó el año en la parte superior de la página en blanco. No tenía nada positivo que reflejar.

Por primera vez desde que estuvo enfermo cuando se fundara Plymouth, en 1648, a los cincuenta y ocho años, William se quejó de su salud y escribió que padecía «achaques corporales». Y por primera vez desde que era gobernador, su salud le impidió cumplir con algunas de sus obligaciones. A pesar de ello, perseveró. En medio de una salud precaria, su hija Mercy, de veintiún años, se casó con Benjamín Vermayes.

A los sesenta años, en 1650, William comenzó a estudiar hebreo. Dijo que quería estudiar «esa lengua tan antigua y sagrada en la que estaban escritas la Ley y la palabra de Dios; en la que hablaban Dios y los ángeles». Y aunque había dejado de escribir la historia de Plymouth, empezó a escribir poesía y ensayos acerca de temas espirituales.

Durante ese año su hijo John se casó con Martha Bourne. Y el martes 23 de abril del mismo año, William hijo, de veinticinco años, se casó con Alice Richards en Plymouth. Como regalo de bodas, William le donó algo de tierra.

William siguió sufriendo achaques y dolencias. En mayo de 1653 estaba demasiado enfermo como para asistir a la reunión de la junta general, aun cuando se celebró en su propia casa. Era consciente de que su cuerpo iba debilitándose, no obstante se obligaba a sí mismo a desempeñar sus responsabilidades de gobernador lo mejor que podía.

El viernes 3 de octubre de 1656, William lamentó la muerte de otro viejo amigo de sus días de Leiden, cuando Myles Standish murió a los setenta y dos años. William sabía que iba a echar mucho de menos a aquel hombre pelirrojo, bajo de estatura y de temperamento fogoso.

A fines de marzo de 1657, una vez más, William no pudo asistir a la junta general debido a la enfermedad. También fue un tiempo difícil para él y Alice, ya que su hija Mercy acababa de morir a los veintinueve años.

El cuerpo de William continuó debilitándose hasta que el martes 7 de mayo de 1657 se acostó, y al día siguiente escribió su testamento. A las nueve de la tarde murió William Bradford. Tenía sesenta y siete años.

Después de su muerte sonó una salva de disparos de mosquete y el cadáver de William descendió a la tumba, en Fort Hill, lugar que un día los colonos llamaran el Monte. Los residentes de Plymouth hicieron luto por su muerte. Durante treinta y seis años, William Bradford les guio indefectiblemente y fue su roca.

Bradford, William. *Of Plymouth Plantation: The Pilgrims in America.* New York: Capricorn Books, 1962.

Bunker, Nick. *Making Haste from Babylon: The Mayflower Pilgrims and Their World.* New York: Alfred A. Knopf, 2010.

Demos, John. *A Little Commonwealth: Family Life in Plymouth Colony.* New York: Oxford University Press, 1970.

Doherty, Kieran. *William Bradford: Rock of Plymouth.* Brookfield, CT: Twenty-First Century Books, 1999.

Gragg, Rod. *The Pilgrim Chronicles: An Eyewitness History of the Pilgrims and the Founding of Plymouth Colony.* Washington, DC: Regnery History, 2014.

James, Sydney V., Jr., ed. *Three Visitors to Early Plymouth: Letters about the Pilgrim Settlement in New England During Its First Seven Years.* Plymouth, MA: Plymouth Plantation, 1963.

Johnson, Caleb. *Here Shall I Die Ashore: Stephen Hopkins; Bermuda Castaway, Jamestown Survivor,* Mayflower *Pilgrim,* N.p.: Xlibris, 2007.

Philbrick, Nathaniel. *Mayflower: A Story of Courage, Community, and War.* New York: Viking, 2006.

Schdmidt, Gary D. *William Bradford: Plymouth's Faithful Pilgrim.* Grand Rapids: Eerdmans Books for Young Readers, 1999.

El matrimonio Janet y Geoff Benge, marido y mujer, forman un equipo de autores con una experiencia de más de treinta años. Janet fue maestra de escuela elemental. Geoff es licenciado en historia. Ambos sienten pasión por revivir la historia para una nueva generación de lectores.

Naturales de Nueva Zelanda, los Benge residen cerca de Orlando, Florida.